金句之書

李海峰，彭小六，夏聰　主編

因為一句話愛上一本書，是種緣分
緣分來的時候我們和書彼此珍惜
我們不用記住整本書，記得幾個句子就夠

726個震撼心靈的句子，點亮人生前行道路

前言

　　有次，我演講完被問道：「請幫我推薦 1 本書吧。」我推薦完後，也會反問他：「也請你幫我推薦 1 本書。」

　　我買了對方推薦的書看，也把自己推薦的書又看了一遍。有次，我聽到另外一位我尊敬的演講嘉賓的回復。他反問：「我推薦的書你真的會買嗎？你真的會花時間看嗎？」

　　他看出對方的遲疑，然後說：「要不我給你推薦裡面我喜歡的句子，如果你反復咀嚼覺得受益，你再去買。」

　　現在我有機會推薦書的時候，我會選擇 1-3 個句子。我會克制自己的表達，盡量直接引用原文。

　　因為一句話愛上一本書，是種緣分。哪怕不求甚解，也可以衍生很多自己的理解。人遇到好書可以靠努力，好書遇到人有時候靠緣分。緣分來的時候我們和書彼此珍惜。

我邀請了有興趣推薦自己讀過的書裡的金句的 200 多位朋友，一起成為金句推薦人，完成了這本書。

我不擔心書的品質，因為所有的書都是正式出版物，並且樣本量足夠多，各花入各眼。

我們希望那些驚豔到我們的句子以及感動過我們的書，被更多的人知道。

有人說我們不是過一生，而只是過幾個瞬間。有的時候，我們不用記住整本書，記得幾個句子就夠。

推薦人初步統計，裡面有 31 位當當影響力作家，74 位擁有獨著或者參與了合集的作者，86 位在運作自己讀書會的社群創始人。

我們要求每位推薦人做了簡單的介紹，並且放上了自己的 QR Code。如果大家因為某本書的某個句子受到觸動，也可以選擇和某個有趣的靈魂相遇。

你可以把這本書當成「答案之書」。當心裡有些什麼疑問的時候，想著那個問題，隨便翻開一頁，看看那頁的內容，很

你可以把這本書當成「訓練之書」。翻到某頁，用其中的句子做 5 分鐘即興演講，說自己的理解。然後去翻原書做對比，快速提升表達和思考能力。

　　你可以把這本書當成「解悶之書」。無聊的時候，主動拿起書，而不是被動地滑短影音。沒有看長文巨著的壓力，你可以做到：開卷有益。

　　我也期待你解鎖更多的玩法。

　　讀書，世界就在眼前。不讀，眼前就是世界。

李海峰

獨立投資人

暢銷書出品人

貴友聯盟主理人

DISC+ 社群聯合創始人

2024.5.20

被重視、被鼓勵、被誇獎、被理解、被支持、被需要，
是你的剛需，也是別人的剛需。

我們不僅要不斷「向上學」——向厲害的人學習，
還要不斷「向下幫」——幫助需要我們的人。

高明的教練，會篩選能成的人，讓他更成。

精進，就是保持正念，
持續地做一件事情並且不斷提升它。

因為有專業，所以被信任；
因為夠專業，所以被尊重。

情緒穩定是一種成熟的心態，是一種理性的態度。

改變態度很困難，不如從改變行動開始！

人類的驅動力只有兩種，一種是愛，一種是恨。

文案一定要做到：強而有力的話術＋高轉發傳播因子＋整合行銷策略！

寫好作文，要做好兩件事情：

一是真切地感悟生活，二是清晰地思考與表達。

巧妙分類激發更多靈感。

我們要把身邊的物品想像成有生命，而且是五感豐富的個
體，然後再從它們的視角來寫人，就特別有意思。

在不確定的未來裡，我們每個人都有無限的可能。

「難」是如此，面對懸崖峭壁，一百年也看不出一條縫來，但用斧鑿，能進一寸進一寸，得進一尺進一尺，不斷積累，飛躍必來，突破隨之。

目標思維是一種思維方式，屬於一種「元認知」。

好書推薦：《再出發》劉燕、吳本賦、五頓／主編

 推薦人：瓊姐
25 餘年財控領域專家，高級會計師，註冊稅務師，《再出發》聯合作者。

連偉人的一生都充滿了那麼大的艱辛，
一個平凡人吃點苦算得了什麼呢？

勇敢地面對我們不熟悉的世界，不要怕苦難！
如果能深刻理解苦難，苦難就會給人帶來崇高感。

生活包含著更廣闊的意義，而不在於我們實際得到了什
麼，關鍵是我們的心靈是否充實。對於生活理想，
應該像宗教徒對待宗教一樣充滿虔誠與熱情！

好書推薦：《平凡的世界》路遙 / 著

推薦人：王淇麓
原電視臺主持人，10 年主持、培訓經
歷，寶媽輕創業導師。

如果愛沒有增加，事情不會有任何的改變。

關注事情是為了控制，關注心情是為了愛。

這個世界上沒有你想要的玫瑰園，
真正的玫瑰園是需要你親手去栽種的。

家庭教育是合格父母的必修課。

感謝那個多年前的自己，
靠著這份勤奮和自律，開啟了一個小小的事業。

我要像傳福音一樣把營養學分享給更多有需要的人，
讓他們遠離疾病和痛苦。

"

年輕人的幹勁要和長者的智慧相結合。

從來沒有什麼「逆襲」，有的只是順勢而為。

你的能量狀態決定你的工作狀態。

"

好書推薦：《設計工作》李海峰、王成／主編

推薦人：漫霖
《設計工作》與《突破式溝通》聯合作
者，個人成長教練，企業顧問。

物質的背後是能量，能量的背後是情緒。
情緒的背後是念。你的意識影響了生命的真相，
你腦袋裡的人生就是你經歷的人生。

「我」不重要，「你」才重要。
當你學會把別人放在比自己還重要的位置，
你的文字就開始真正走心了。

讓自己像個禮物一樣出現在別人的世界，
讓你的文案像個禮物一樣出現在別人的世界，
要麼幫人解決問題，要麼給人能量。

好書推薦：《引爆》彭芳 / 著

推薦人：Venus
維納斯瑜伽創始人，11 年資深孕產瑜伽導師，中山女性成長俱樂部主理人，《友者生存 3》聯合作者。

自由就是被別人討厭。

不能進行「課題分離」，
一味拘泥於認可欲求的人也是極其以自我為中心的人！

我們只能活在「此時此刻」，
我們的人生只存在於剎那之中！

好書推薦：《被討厭的勇氣》[日]岸見一郎、古賀史健/著

推薦人：鄭錚一

連續創業者，16 年培訓顧問行業老兵，輕創業
商業教練（拿商業結果的 BP），美育空間主
理人及營運者，女性創業者社群操盤手，IP 深
度陪跑（尤其是創始人 IP 和知識 IP），薩提
亞心理諮詢顧問，國家二級心理諮詢師。

啟蒙閱讀對於促進孩子的全面發展至關重要，
能讓孩子的智力和能力有質的飛躍，進而使其受益一生。

腳步丈量不了的世界，讓目光和思想先抵達，
體驗到更寬廣的世界後，孩子會更謙卑，格局會更高。

閱讀不僅是一種獲取知識的方式，更是一種培養思維，
提高素養的途徑。

好書推薦：《讓孩子愛上閱讀》陳千尋／著

推薦人：清韻
養育星球聯合創始人、中國首批閱讀養
育顧問師、新社交旅行合夥人，全國舉
辦親子故事會近百場，影響了數萬家庭。

做「對」比做「第一」更重要。

你的工作是要做出最像該品類產品的產品，
以及最像該品類品牌的品牌。

行銷戰的終極目的在於良性競爭，共同繁榮品類
實現雙贏；了解消費者心智中品類需求的變化，
與其達成共識並滿足他，使雙方都能獲取長久收益。

好書推薦：《品類十三律》唐十三、譚大千、郝啟東 / 著

推薦人：梅老板 Dave
耶魯研究生院區塊鏈協會首席講師，區塊
鏈投資教練，公號「比特梅老板」創始
人，元宇宙大學「鏈谷Chain Valley」校
長，芝加哥大學碩士，MBA。

如果孩子有喜歡反覆讀的書，

正是他們享受閱讀以及讀懂了的表現，千萬別阻止，

別以為反覆讀同一本書是浪費時間。

閱讀這項腦力活動，

只有真正能在大腦裡捲起風暴的時候，才有樂趣。

自發地開啟閱讀理解的即時監控

是一項至關重要的閱讀方法，

也是孩子能否成為一個深入閱讀者的象徵。

好書推薦：〈讓孩子成為閱讀高手〉陳晶晶 / 著

推薦人：深藍
養育星球聯合創始人，中國思辨情商開創
者，親子情商訓練師導師。

無論一個習慣性言行看起來多麼不好，
都不要恨它，因為它最初保護過你。

一旦出現自欺，頭腦和身體就會陷入分裂狀態，
頭腦朝這一邊走，而身體則走向另外一邊，
一些身體疾病隨之出現。

要想改變一個人的一生，
關鍵不是去做積極的暗示，而是重塑自我意象。

好書推薦：《身體知道答案》武志紅 / 著

推薦人：丸子・豆苗媽
國家心理諮詢師，曾任 A 股上市集團總
部高級培訓主管，育有暖心兄妹。隨意
畫，畫解情緒，畫出健康。

我們能為孩子做的最有益的事情，
就是教孩子學會自我評價，
而不是讓他們依賴於別人的讚揚或觀點。

如果父母花時間訓練孩子的生活技能，
並允許他們透過實踐這些技能來培養責任感和自信心，
孩子就會掌握有價值的人生技能。

記住，孩子們在感覺更好時，才會做得更好，
沒有什麼事情比無條件的愛讓孩子感覺更好的了。

好書推薦：《正面管教》[美] 簡·尼爾森 / 著

推薦人：陳雅靜
願航教育創始人，胡潤百學榜首包玉剛前
教員，10 年教育者，雙胞胎母親。

知識工作者的工作動力，取決於他是否有有效性，
及他在工作中是否能有所成就。

身處組織之中就意味著，只有自己的貢獻被他人使用，
一個人的工作才是有效的。

追求貢獻就是負責任地追求有效性。

要想從既有的習慣中跳出來，
最好的方法不是依靠自制力，而是依靠知識。

行動力不足的真正原因是選擇模糊。

好的成長是始終遊走在「舒適區邊緣」。

推薦人：Bruce 平鈞
世界 500 強職業經理人，論語愛好者，
暢銷書《友者生存 4》聯合作者。

真正治癒疾病的是我們體內的自然之力。

以食為藥，以藥為食。

重要的不是你現在有多優秀，
而是你將來會有多優秀。

好書推薦：〈吃出自癒力〉[美] 威廉・李 / 著

推薦人：雪莉隨心
創業投資近30年，喜愛藝術＆健康美味的
品牌輕商業盈利顧問，企業數智化盈利顧
問，「嘉嘉星球」創始人，「悅讀時光」
讀書會創始人。

相信你的 Mr. Right 一定會來，
更要相信自己的福祉和運氣——無論Mr. Right早來晚
來，你是因自身快樂和飽滿的，他並不是來拯救你，
因為你不需要拯救。

不要找好男人，而是找到一個對自己而言足夠好的男人。

你是誰，便會遇見誰，
你選擇與之相愛的伴侶是你在這個世界的映射。
你本身是不是一位 Miss Right ？
你是你自己喜歡的那一款嗎？
如果不是，你需要先調試自己到最佳狀態。

好書推薦：《Mr. Right 說明書》[美]J. M. 科恩斯 / 著

推薦人：陳柯如
深耕兩性教育 23 年、博瑞私密醫療聯合
創始人，IP（曲曲）線下變現操盤手，俞
博士從 0 到 1 操盤手、合夥人，天美聖合
從0 到 1 操盤手、合夥人。

幸福的祕密就在於，既要看到世上的奇珍異寶，
又要永遠不忘記勺裡的那兩點油。

當你想要某種東西時，整個宇宙會合力助你實現願望。

傾聽你的心聲。心了解所有事物，
因為心來自世界之魂，並且總有一天會返回那裡。

好書推薦：《牧羊少年奇幻之旅》[巴西] 保羅‧柯艾略 / 著

推薦人：佳佳
諮商心理師，青少年成長陪跑教練，閱讀
愛好者。

只要經理和員工都能主動地散播積極情感，
即使一點一滴，也會產生立竿見影的效果。

約翰‧高特曼（John Gottman）發現，
如果一對夫妻之間的交往接近5：1的積極與消極的比例，
他們的婚姻成功率就大大提高。

面對困境，了解我們有什麼優勢不僅能幫助我們生存，而
且能幫助我們茁壯成長。

好書推薦：《你的水桶有多滿》[美]湯姆‧拉思等/著

推薦人：夢希
組織與人才發展教練，蓋洛普優勢教練，
10餘年職場經驗，寶媽，踐行「生命之
美在於無限可能」。

關注效果而非道理，

幼稚的人執著對錯，成熟的人看結果。

未被表達的情緒永遠都不會消失，它們只是被活埋了，

有朝一日會以更醜惡的方式爆發出來。

情緒是信念的投影，

也就是說情緒的背後是限制性信念在作祟。

孩子是要別人教的，毛病是要別人醫的。

人必須要有耐心，特別是要有信心。

竹外桃花三兩枝，春江水暖鴨先知。

當你不在乎面子，一切都忽然變得輕鬆了。

父母對孩子的擔心是源於不能接受自己、不夠愛自己；
所以，你怎樣限制你自己，你也會怎樣限制你的孩子。

寬恕徹底，幸福就來到。

我們應該時刻銘記在心：

超過一定的臨界點時，改善基礎因素，如錢、地位、薪水、安全保障、工作條件、公司政策等都只是幸福的副產品，而不是產生幸福的原因。

生活中的每一個有關如何分配精力和金錢的決定，
都表明了你真正在乎的是什麼。
你可以盡情地談論自己的生活，
談論有什麼清晰的目標和策略，但是如果你投入的資源和你的策略方向不一致，這些談論都毫無意義。

通向幸福婚姻的道路是
找到你想讓她幸福的那個人，她的幸福值得你付出！

打造個人 IP，提升影響力，
普通人將迎來成就自己的最好時代。

投資腦子、升級圈子，是財富提升的絕佳路徑。

你沒用時，認識誰都沒用。

—— 好書推薦：《引爆 IP 紅利》水青衣、焱公子 / 著 ——

推薦人：水青衣
廣西作協會員。全國語文教學大賽一等獎。
40 萬粉絲的大語文教育博主，當當影響力
作家。

瘦身的過程是一個覺察自己的過程，
是一個和自己對話的過程，是一個學著好好愛自己的過程。
當我們需要愛，需要擁抱，需要緩解痛苦時，
吃能滿足我們。

很多時候我們變胖是因為心裡想要達成別的目標，
結果選錯了方式。

推薦人：徐珂
系統動力派NLP執行師認證導師，「42
天珂輕鬆減重訓練營」版權課研發人，
當當影響力作家。

人過中年，就應該基本戒除功利心、貪心、野心，給善心、閒心、平常心讓出地盤了，它們都源自一種看破紅塵名利、回歸生命本質的覺悟。

如果有上帝，他看到的只是你如何做人，不會問你做成了什麼事，在他眼中，你在人世間做成的任何事都太渺小了。

一個人只要認真思考過死亡，不管是否獲得使自己滿意的結果，他都好像是把人生的邊界勘察了一番，看到了人生的全景和限度。

好書推薦：《哲思人生》周國平 / 著

推薦人：程婷玉
諮商心理師，洛基教育 KISSABC 分公司
代理。

笑聲讓兩個人之間的距離最短。

如果你能在分歧裡承擔起自己的責任，
對方也會更容易承擔起他的責任。

當人們感受到情感上的滿足時，他們會覺得得到了充分的
傾聽、理解、接納，而不是受到評判。

好書推薦：《深度關係》[美]大衛・布拉德福德等/著

推薦人：馬丹
在職幹部，正念幸福教練。

要想保持生命的躍動，

我們必須學習如何有節奏地消耗和更新精力。

我們越是忙碌，越會高看自己，

認為自己對他人來說不可或缺。

我們無法陪伴親人朋友，不知疲倦，沒日沒夜，

只管四處救火，不給自己留下喘息的時間。

這就是現代社會的成功典型。

知曉生命的意義，方能忍耐一切。

好書推薦： 《精力管理》[美]吉姆‧洛爾、托尼‧施瓦茨著

推薦人：山海教練

精力管理教練、心理教練，易明認證專
家型導師（師從田俊國老師），上海交
大工商管理碩士，暢銷書《爆發》、
《友者生存4》聯合作者。

我給你的愛好遠好遠，

可以從山的這頭……到山的那一頭。

我是這樣地愛著你，我想大聲地告訴你，

因為愛你，我才如此驕傲和自豪。

我的愛圍繞在你身邊，

緊緊地抱著你，無論你做對了還是做錯了。

好書推薦：《我是這樣地愛著你》[英]霍斯/著

推薦人：何群群
花開忘憂連鎖品牌創始人，心理行業低成
本創業發起人，沙盤技術、催眠技術、心
理諮詢技術落地讀書會組織人。

如果我們想要孩子活出自我，
我們必須以自己真實的方式來培養他們。

與生俱來的思維，只有在經歷了反思、內視
並建立起思想和內心的交流及理想與現實的橋梁，
我們才成為一個獨特的具有靈魂的個體。
這就是如何建立自我的重要步驟。

我們希望孩子更能承受挫折，更自立，更有精神獨立
性，對世界充滿好奇，更有創造力，更願意去冒險，更
願意去犯錯。

好書推薦：《優秀的綿羊》[美] 吉廉・德雷謝維奇 / 著

推薦人：和煦
高級家庭教育指導師，正念幸福教練，戴
安母語式家長課堂主理人。

非暴力溝通幫助我們既清晰表達自己，又同樣關心他人，
從而實現我們的情緒自由並與他人建立聯結。

非暴力溝通的意圖不是為了改變他人來滿足自己，
而是幫助雙方建立坦誠和有同理心的關係，
最終每個人的需求都能得到滿足。

非暴力溝通最關鍵的應用或許就是
讓我們學會善待自己。

好書推薦：〈非暴力溝通〉[美] 馬歇爾‧盧森堡 / 著

推薦人：李玲
非暴力溝通極致踐行者，國家二級心理諮
詢師，K12 英語學習規劃師，暢銷書《友
者生存 2》聯合作者。

X 因素是能讓你超越平庸的東西。

如果你不出手做一下，
你就無法知道那是不是真正的機會。

你真正應該選擇的其實是變成什麼樣的人，
而不是單純的愛好和賺錢。

好書推薦：《佛畏系統》萬維鋼 / 著

推薦人：黎文
中醫養生顧問。

將個人意志與我們身邊的自然力量結合，
會得到出人意料的強大結果。

靈魂是有感情、思想、希望、恐懼和夢想的人。
我不應該把他關起來，不停要求他閉嘴。

在生命旅程中我一再看到的一件事就是，
正確的人總會在正確的時間出現。
我的確指望著這種完美，
而神奇的是它也的確一再發生。

如果我們想要財富，想要名望，

那就修練成與財富名望相匹配的心態、思想、品德和能力。沒有什麼東西能夠真正保佑我們，

除了我們自己的所想所為。平安，源於內心。

幽閉了一千年的黑暗山谷，

只要有燈光照進來，就一下子除掉了千年的黑暗。

所以，不論犯了什麼過錯，還是多久以前的事，

只要下決心改正錯誤，就是難能可貴的。

我們做善事，能利於別人的就是出於公心，

出於公心就是真誠。如果只想得到自己的利益，就是私，

出於私心就會偽善。

好書推薦：《了凡四訓》[明] 袁了凡/著

推薦人：李菁

暢銷書作家，女性個人品牌商業顧問，生命智慧傳播者。

持而盈之，不如其已；揣而銳之，不可長保。
金玉滿堂，莫之能守。富貴而驕，自遺其咎。
功成，名遂，身退，天之道。

曲則全，枉則直；窪則盈，敝則新；
少則得，多則惑。

人之生也柔弱，其死也堅強。萬物草木之柔脆，其死也枯
槁。故堅強者死之徒，柔弱者生之徒。
是以兵強則滅，木強則折。強大處下，柔弱處上。

記筆記，是為了增援未來的自己。

記筆記不是收集，而是對資訊進行「預處理」。

同時保有兩種截然相反的觀念還能正常行事，是
第一流智慧的象徵。

害怕前進只能停留在原地。

不要成為情緒的奴隸。

用目標激勵行動。

時間記錄幫助我們從更長週期、更多維度認清自己，
而不僅僅基於現在這一時刻的情緒波動
來評判自己的各方面能力。

數據反映行為，行為改變數據。

我們需要重複休息的原則：感到疲倦時就休息。

—— 好書推薦：〈時間記錄〉劍飛／著

推薦人：Joy
個人成長教練，習慣教練，生命教練，暢銷
書《重塑人生》、《時間合夥人》聯合作
者，「微共讀」讀書會發起人。

一個人不想攀高就不怕下跌，也不用傾軋排擠，
可以保其天真，成其自然，潛心一志完成自己能做的事。

保持知足常樂的心態才是淬煉心智、淨化心靈的最佳途徑。

愛情是不由自主的，得來容易就看得容易，
沒得到或者得不到的，才覺得稀罕珍貴。

好書推薦：《楊絳傳》吳玲 / 著

推薦人：周慧
旗袍非遺傳承師，家庭教育高級指導師，
升學規劃師，諮商心理師。

理智的家長是在規劃孩子的未來，而
糊塗的家長是在算計孩子的分數。

比努力更重要的，是選對了專業方向。

從本質來講，高考志願填報是家長和考生之間
背靠背的一場群體賽局。誰掌握的有價值的資訊越多，
誰取得最後的勝利的可能性就越大。

好書推薦：《5 步輕鬆搞定高考志願》馮全雙 / 著

推薦人：馮全雙
《5 步輕鬆搞定高考志願》作者，高考
志願方案設計規劃師。

親子關係，決定了我們與世界的關係，
一個人和父母的關係就是他和整個世界的投射。

孩子得不到愛的能量和祝福，
到最後，他就會選擇過痛苦或者平庸的生活。

叛逆的背後是什麼？
很多人不知道孩子為什麼叛逆，
其實叛逆背後的心理動機是──無助，
無助是核心。

不是我們沒有遇到真愛，而是我們沒有遇到自己。

在家庭當中最大的忠誠，
就是每個人誠實、勇敢地忠誠於那個並不完美的自己。

做自己內心恐懼優雅的聆聽者。

任何一個品牌都應當清晰地向顧客回答三個問題：
「你是什麼」、「有何不同」、「何以見得」。

判斷一個品牌是否主導了某個定位，
需要同時考察心智占有率和市場占有率的領先程度。

隨著定位理論的發展，人們逐漸發現「有效的資訊」
應當作為經營的出發點，然後再去構建事實，
讓事實和「有效資訊」實現一致。

―― 好書推薦：《升級定位》馮衛東 / 著

推薦人：陳牧心
獨立投資人，牧心丹品主理人，品牌顧
問，暢銷書《友者生存1》聯合作者。

只要一個人開始提問，他的智慧就開始覺醒了。

幸福就在於生命的單純和精神的優秀。
生命的單純讓你享受人生那些平凡的幸福，
比如愛情、親情和友情。精神的優秀讓你享受到人
生那些高層次的幸福，比如閱讀、創造和事業。

對人生困惑是靈魂覺醒的徵兆。

好書推薦：《人生答案之書》周國平 / 著

推薦人：潘璆
可能女人研究所創始人，6P 精力管理模
型開創者，女性自我成長教練，多本暢銷
書合著者，解放讀書館創始人。

融洽關係，不容易，需要智慧，
更需要以終為始地想清楚自己到底要什麼。

我們不能決定事情按我們想要的方向走，
但是，我們可以選擇在事情發生後，
我們用什麼情緒和態度去面對。

經常，從用戶回饋中找到的特點，是被自己忽視的。

好書推薦：〈活出自己〉彭潔、謝菁 / 主編

推薦人：謝菁
國際認證教練，編著有《活出自己》、
《把生活過得有儀式感》等書，第九屆當
當影響力作家。

過去我們是誰，不重要；

重要的是，未來我們可以成為誰。

社群運營的本質就是不斷為成員解決問題，提供價值。

了解不同性格特質的行為風格，

有助於判斷產後媽媽或者配偶在特定場景下

屬於哪一種風格，有助於雙方順利溝通。

好書推薦：〈破局〉陳韻棋 / 主編

推薦人：黎燕琴

衛健委及婦聯邀請的育兒講師，編著有
《破局》、《跳躍成長》等書，第九屆當
當影響力作家。

領導者有疑慮還是出於對你的不了解和信任的缺失。

你無法在製造出問題的同一個思維層次上解決這個問題。

只有堅守本心，清晰地認識到自己的斤兩，
才不會被誇讚聲左右，不被外界所干擾。

養育孩子是一個會讓人變得非常謙卑的過程，
我們需要的是放下自己的執念，
鼓勵和接納孩子的表達，讓他們贏。

我們教育孩子不是為了讓他適應社會，
是為了創造，讓這個世界變得更好。

圓滿的人生都是有著無限性的人生，而無限性的開端
就是看到所有的「遠方」都和自己有關。

好書推薦：〈力量從哪裡來〉李一諾／著

推薦人：昝翠
原力文化品牌創始人，原力讀書會創始
人，天薇美業平臺深圳及西安分院負責人。

"

挑戰一般的病有什麼意思，要挑戰，就挑戰個大的！

你只需要判斷這件事該不該做、值不值得做，
如果答案是肯定的，那麼去做就行了，哪怕看似不可能。

所以，相信相信的力量。不是有希望才去努力，
而是因為努力，才看到了希望。

"

好書推薦：《相信》蔡磊 / 著

推薦人：煒哥
張偉，連續創業 30 年，央視《贏在中國》
108 強選手，當當暢銷書《無限進步》聯
合作者。

當你擁有稀缺的能力時，你會得到更多發光發熱的機會，
可謂「一步領先，步步領先」。

優秀的人之所以優秀，
是因為他們能每天應付枯燥乏味的重複事物，
一遍又一遍地做同樣的動作。

你讀過的每一本書、學會的每一個技能、
積累的每一點進步，在需要的時候都能被組合成
解決問題的必備條件。

好書推薦：〈單幹〉陳歆 / 著

推薦人：喬慧萍
30 年企業 HR 從業者，人力資源管理
師，慧知行讀書會創始人。

要想掌握某件事，我們必須首先選擇一些關鍵點，
隔段時間就重覆一下，讓自己完全沉浸其中，
並不斷提高自己的知識和技能。關鍵在於間隔性重覆。

所有有所成就的人都有一種獨特的能力，
他們能夠像雷射一樣將自己的能量集中於一點，並
在整個實現目標的過程中始終保持焦點的集中。

將精力集中到少數幾件事上，
然後不斷地一次又一次地重覆。專注、專注。

好書推薦：《知道做到》［美］肯‧布蘭佳等／著

推薦人：徐欽沖
《友者生存1》聯合作者，新商業女性平
臺「她品界」創始人，法國酒莊聯盟FVD
副主席兼亞太區CEO。

再出發，並非一帆風順。

日野原重明在《活好2》中提道：「人類的身體就像瓷器一般脆弱，會出現裂紋，甚至會碎裂。」

正如傑克・威爾許所言：「在你成為管理者之前，成功的標準是如何讓自己成長。」

在確認了方向和路徑後，還必須要有定力，
策略定力是一個人成大器必備的特質。

世界上貌似不關聯的東西都是關聯的，
關鍵是你有沒有能力發現其內在的相關性，並且打通它。

能以歸零心態應對世事沉浮，保持學習的熱情與動力，
不僅是對過去榮耀、挫折的一種捨棄，
也是對自己人生經歷的一種揚棄。

好書推薦：《王志綱論戰略》王志綱 / 著

推薦人：張志強
世界三大數學新猜想提出者，清華大學訪
問學者，山西大同大學副教授。

人生苦樂成敗，大約脫不了「關係」二字。

把這些「不願意」一個個找出來，修練成「願意」，
實為人生一大樂事。

從今以後，遇到每一件事、每一個人，
我們所需要做的只有搞定自己。
做好了這件事，就沒別的事了。

好書推薦：〈人生只有一件事〉金惟純 / 著

推薦人：喬幫主
創造者商學主理人，15 年品牌創意內容
行銷公司創始人，創造者 IPAIX 商業聯
盟發起人。

恰恰是實現夢想的可能性，才使生活變得有趣。

「什麼是世上最大的謊言？」男孩吃驚地問道。
「在人生的某個時候，我們失去了對自己生活的掌控，
命運主宰了我們的人生。這就是世上最大的謊言。」

完成自己的天命是人類無可推辭的義務。
萬物皆為一物。當你想要某種東西時，整
個宇宙會合力助你實現願望。

好書推薦：《牧羊少年奇幻之旅》[巴西]保羅·柯艾略/著

推薦人：賈若
高級商業管理顧問，春藤教育創業聯盟負
責人，一堂城市學習中心主理人。

讓孩子活在爸爸媽媽的價值觀裡，本質上是父母的自私。
最好的父母是「放下我執」的，是「無我」的。

愛、接納和陪伴能給孩子帶來內在的能量，這些能量會讓
孩子的內心有力量，遇到問題敢於突破，遇到挫折能夠有
勇氣去面對。但關於孩子的「成績提升」和「升學」，實
際上是一個系統工程，如果只有能量，沒有能力和規劃方
面的投入，就容易陷入困境。

放下對未知結果的焦慮，把注意力放在當下的行動上，
多給孩子積極正向的反饋，讓孩子體驗學習的快樂。

我們無法改變天氣，但是我們可以改變心情。

《一念之轉》中可以幫助我們轉念的四個問句分別
是：這是真的嗎？

　　你能保證它一定是真的嗎？

　　當你相信這個念頭時，你是如何反應的？你的生活中
　　發生了什麼？

　　沒有那個念頭時，你會是誰？

生活中的一切都可以套用這四個問句，
這是一個跟我們的思維博弈的過程。

客戶不是被銷售說服才買單的，
客戶其實是透過你的提問，引發他自己的思考，
自己說服自己後才買單的。

找到自己獨一無二的優勢，讓自己的優勢和能力能被看
到，成功占領客戶的心智，讓客戶在這個領域有需求時
第一個就能想到你，就是一個成功的定位。

每個人都是一座寶藏，而打造品牌能讓寶藏發光。

好書推薦：《打爆》孔蓓、查克 / 著

推薦人：趙靚
天賦定製創始人，國際人類圖 BG5 商學
院商業顧問認證導師。

靈魂是個嫉妒的情人，
它拒絕投入妥協的懷抱。

離開文化建設，策略根本無從談起
——文化每天都把策略當午餐吃。

我們就像海上的朵朵浪花，與大海渾然一體，
無法分割。

好書推薦：《孕育青色領導力》[美]羅伯特‧安德森等 / 著

推薦人：梁偉東
16 年頭部藥企職業經理人，ICF 國際認證專
業級教練 PCC，《友者生存4》聯合作者。

科學的分析固然巧妙，

我們也需要從自身專業的角度做出判斷。

風格本身沒有好壞之分，只怕沒有應用在合適的地方，

沒有深入一個完整的形態。

我們想打動人心先要了解人的大腦

是怎樣感知和做判斷的。

好書推薦：《遊戲 UI 設計》師維 / 著

推薦人：師維
一個終身成長信奉者，15 年遊戲行業從
業經驗。

家庭閱讀的定位就是
讓孩子想要閱讀、熱愛閱讀、享受閱讀。

在智慧型螢幕時代，對孩子來說，不讀是常態，偶讀是
抬愛，多讀是意外，深讀是中彩。

出聲朗讀最大限度地啟動了
大腦中視覺和聽覺兩條語言理解通道，
足以解決簡單的理解問題。

我們人類所有受苦的根源就是來自不清楚自己是誰，
而盲目地去攀附、追求那些不能代表我們的東西！

天下有三種事：我的事、他人的事和老天的事。

無論你多麼愛他，
多餘的擔心就是最差的禮物，不如給他祝福吧！

好書推薦：〈遇見未知的自己〉張德芬 / 著

推薦人：魏金宇
私企總經理，透過心理學創富，讀書會創
始人。

即使在最黑暗的時刻，也請記得，
你始終擁有重塑人生的力量。

從家訓入手，帶領一個個家庭建立家庭精神世界；從
家庭會議入手，重新打造良好的家庭協同關係；從家
庭目標入手，讓整個家庭向著同樣的目標前行。

成為自己的幸福預言家。

好書推薦：《重塑人生》李海峰、易仁永澄、橘長／主編

推薦人：悅平老師
高級家庭教育指導師，族豪研習社創始人，
暢銷書《友者生存4》、《睡個好覺》聯合
作者。

優勢是向內找，成長是向外走。
向內探多深，向外就走多遠。

你不會成為你想成為的樣子，
你只會成為你相信的那個自己。

把你原來學習的終點，變為學習的起點。

調查就像「十月懷胎」，
解決問題就像「一朝分娩」。
調查就是解決問題。

矛盾是普遍的、絕對的，存在於事物發展的一切過程中，
又貫串於一切過程的始終。

人民，只有人民，才是創造世界歷史的動力。

好書推薦：〈毛澤東選集〉 毛澤東 / 著

推薦人：楊志強
DISC+ 社群聯合創始人，暢銷書《出眾
力》主編，19 年體驗式培訓工作經驗。

挑戰我的並不是荒原和未知，
而是我內心的恐懼。

人有兩次生命，第一次是來到這個世界，
第二次是知道自己為什麼來到這個世界，
一切始於覺知。

勇氣的獲得只有一種途徑，
那就是：去做你沒做過的事情。

好書推薦：《用一年時間重生》娜里跑 / 著

推薦人：上官心雨
高級家庭教育指導師，心理傾聽師，帆書
新父母家庭教育實戰講師。

身心合一的要領不僅是專注於當下，更是享受當下。

專注於深度學習，同時對淺學習保持開放。

所有痛苦都是上天給我們的成長提示。

好書推薦：《認知覺醒》周嶺 / 著

推薦人：包佳慧
行銷文案導師，原創朋友圈文案 6 年，
輸出 200 萬字。

不必因為沒效率而不自信，
正因為沒自信所以才沒效率。

無論人生在低谷還是高峰，不管是貧還是富，
都要保持本性，打造內在寵辱不驚的地基。

只要想辦法把日子過好，
讓自己捨不得死但隨時都能死而無憾，
或許我們就能重新找到活著的意義。

聽書不如講書，輸出會倒逼輸入。

講書是一個自我學習、終身成長的必備神技能。

講書的關鍵之處在於，你真的喜歡某一本書，
並且願意分享給別人。

好書推薦：〈成為講書人〉趙冰 / 著

推薦人：趙冰
國民講書教練，當當影響力作家，閱讀推
廣人。

寫作不是作家的專屬，

是每個人都應該掌握的基本技能。

生命終有盡頭，而文字卻可以穿越時空。

有專業知識，又會寫作的人，是非常有競爭力的，

能創造巨大的價值。

好書推薦：《精進寫作》弘丹 / 著

推薦人：弘丹
暢銷書作家，連續四屆當當影響力作家，著有
《AI 寫作寶典》、《精進寫作》等五本書。

快速、關鍵、邏輯

是我們在繪製思維導圖的過程中要考慮的問題，

而連繫則是繪製後要不斷做的事情。

要摒棄一切繁覆的表面技巧，

直面思維導圖的備考核心，

用最簡單的方法來呈現思維的層次與深度。

只有重視連繫，才能不斷完善知識體系，

讓我們所做的每一道題都具有積累效應。

知識是不需要付費的，效果才需要付費。

每個小選擇都會決定改變命運級大選擇的可選項。

每個正確的動作都在提高成功的機率。

萬物皆為一物。當你想要某種東西時，
整個宇宙會合力助你實現願望。

追尋天命的人，知道自己需要掌握的一切。
只有一樣東西令夢想無法成真，那就是擔心失敗。

所有發生過一次的事，可能永遠不會再發生；但
所有發生過兩次的事，肯定還會發生第三次。

好書推薦：《牧羊少年奇幻之旅》[巴西]保羅‧柯艾略/著

推薦人：荔枝
荔枝悅讀成長圈創始人，高級閱讀推廣
師，國際認證人生自信力執導師，夢想清
單認證講師。

實際上，小孩子不管看上去有多麼小，
對真正有趣的事情，是絕對能夠聽懂的。

孩子們能夠在別人面前，
清楚、自由、毫不羞澀地表達出自己的想法，是絕對必要的。
不要把孩子們束縛在老師的計畫中，
要讓他們到大自然中去。
孩子們的夢想，要比老師的計畫大得多。

—— 好書推薦：〈窗邊的小豆豆〉[日] 黑柳徹子 / 著 ——

推薦人：西西
西西書友會創始人，聊天溝通教練，讀書
踐行社創始人，深耕演講口才 7 年。

我們生命中很多的痛苦，
都是自己撰寫的劇本、為自己加的戲。
既然我們可以寫苦情戲，當然也可以寫歡樂劇。

每當生活中有人觸動我們的負面感受和情緒時，
我們可以先放下對那個人的批判和聲討，
甚至把那個人完全置身於你的感受、思維、情緒之外，
只是去好好感受自己的情緒。

愛一個人，無論是父母、愛人、孩子、朋友，我
們都不能在關係中失去自己，一旦失去自己，就
可能養出甩手掌櫃的老公和大逆不道的孩子。

好書推薦：〈情緒自由 人生更輕盈〉張德芬 / 著

推薦人：胖小姐
「90 後」，空杯讀書會創始人。

人生最大的奇蹟，就是成為夢想中的自己。

願景板拉近夢想，行動板實現夢想。

動機決定你能否開始，習慣決定你能否堅持。

好書推薦：〈早起的奇蹟〉 ［美］哈爾·埃爾羅德 / 著

推薦人：印志鵬
億起讀書吧創始人，人生規劃師，愛讀書
愛演講的「90 後」，連續 5 年堅持早起。

若不反躬自省，而徒向外馳求，
則求之有道，而得之有命矣。

凡稱禍福自己求之者，乃聖賢之言；
若謂禍福惟天所命，則世俗之論矣。

造命者天，立命者我。

好書推薦：《了凡四訓》 [明] 袁了凡 / 著

推薦人：王致遠
持續成長者，歡迎交流改命智慧。

我們不應該只把感恩之心留給特別的日子。

你的東西會逐漸變成生活的背景，
但記憶中的體驗會一直鮮活。

當你已經做不了某些事情的時候，
你要做的就是感恩於自己還能做的事。

好書推薦：《感恩日記》 ［美］賈尼斯·卡普蘭 / 著

推薦人：悠秀
「70後」財務人，用閱讀開啟人生下
半場，弘丹寫作學院寫作教練。

她反覆強調，生命中最重要的事情，
是要搞清楚自己究竟想要做什麼以及要與誰共事。

職場品質擁有強大的力量，
能將成功之於一個人和一個組織的含義提升到更高的層面
：成功關乎意義、本質和影響。

對好企業家的一般定義是：致力於持續完善價值觀，
幫助自己和他人成為最好的自己的人。

好書推薦：《你如何成為公司最重要的資產》[加] 安東尼·詹/著

推薦人：王睿
北極星書友會創始人，職場教練，閱讀愛
好者。

總有一天，你會明白，真正能治癒你的，
從來不是時間或某個人，而是你的格局和釋懷。

世間皆苦，唯有自渡。
能救你於谷底的，從來不是他人，而是你自己。

生命中的每一個契機、每一次起伏，
都在我們的人生時間表裡擁有深遠的意義。

好書推薦：《自渡》墨多先生 / 著

推薦人：楊海燕
愛讀書、愛分享，四十不惑、從頭來過，
一起在書中遇見更好的自己。

你不能解決問題，你就會成為問題。

想讓別人真正愛你，只有讓自己成為值得愛的人。

真正的愛不是忘乎所以，
而是深思熟慮，是奉獻全部身心的重大決定。

好書推薦：《少有人走的路》[美]M·斯科特·派克/著

推薦人：阿凡提
高校教育工作者，閱讀講師，家庭教育指
導師（高級）。2019 年 7 月至今堅持精
時力學習。

我就是去做，不擔心結果，
如果不成功，我就接受結果。

把錢當成能量，它就會真正流動起來，
它來了它走了，有時多有時少
——這就是金錢的本質，它不是固定的東西。

成功者，他允許最壞的結果發生。

好書推薦：《對財富說是》[澳] 奧南朵 / 著

推薦人：韋園園
彭小六讀書會創始人，9 年思維導圖踐行
者，熱愛自然、熱愛閱讀、熱愛生活。

你的想法不是你的全部，
你還是你每個想法的見證人。

你的未來由你自己書寫。
把你想要的寫下來，並活出一場精彩的故事來吧。

優秀不是一種行為，而是一種習慣。

好書推薦：《高頻情緒練習》[美] 威克斯・金 / 著

推薦人：Lisa Sun
大學教師，諮商心理師，個人成長教練。

每一個困境的解決

其實都是一次「當下真心」的顯現，都是一個悟。

你必須以自己的努力去遭受挫敗，

才會準備好抓住他拋給你的救生圈。

在老師身上，必須具有一種遠

超職業要求的高度責任感。

好書推薦：〈箭術與禪心〉[德] 奧根・赫立格爾 / 著

推薦人：袁婷 Titi
OH 卡女力讀書會創始人，情緒優化教
練，終身情緒管理及優化的踐行者。

不要讓上一代錯誤的養育方式留在你身上的陰影，
再影響到你的下一代。

孩子希望獲得你的愛，想與你聯結，想跟你當朋友。

每個人都需要界線，以便有某種架構來支撐生活
並學習和他人一起生活，孩子也不例外。

想讓人們相信謬誤有個可靠的方法，
那就是不斷重覆，因為人們很難對熟悉感和真相加以區別。

我們會忽視顯而易見的事，
也會忽視自己屏蔽了這些事的事實。

根據這些可知資訊，你構建出最可能的故事，
如果這個故事還不錯，你就會相信它。
然後自相矛盾的是，在我們所知甚少
或是謎題的答案只有初露端倪時，
我們卻更容易構建出一個連貫的故事。

好書推薦：《思考，快與慢》[美]丹尼爾‧卡尼曼/著

推薦人：鄒煒烽
戴思教育創始人，15 年雅思教學及中英
粵主持配音，在廣電單位任職，助你全方
位提升英語水準。

糾正缺點是一種補救措施，

而培養優點能帶來成長和更多的幸福感。

與人分享的快樂是雙倍的快樂，

與人分擔的痛苦是減半的痛苦。

利他主義是自願幫助他人，

而不需要別人的幫助，也不需要任何經濟補償。

遵循生命法則的真實的生活方式
才是帶給你喜悅的生活方式。

終極的斷捨離就是：領悟到
「人們是各自過著自己的人生」
「別人有和我不同的價值觀，每個人有每個人的人生」。

瑜伽認為：人們應該積極地發散能量，
並只接納必需的能量。

好書推薦：《斷捨離》| [日] 山下英子／著

推薦人：陶理兒
思予讀書會創始人，「80後」，斷捨離踐
行者，整理師直播大會聯合發起人，整理
收納講師。

批評和責備他人是沒有意義的，
因為那只會讓人在心理上增加一層防護。

世界上最重要的與他人相處的原則
——你希望他人如何對待你，那麼你就必須那樣對待他。

在與人交往的時候，你應該多問對方所關心的問題，
並讓對方自己來訴說。

好書推薦：《人性的弱點》[美] 戴爾・卡耐基 / 著

推薦人：海豚老師
六點奇蹟讀書輕創平臺創始人，培訓機構
創始人，極速批量成交教練。

講 書 ＝ 閱 讀 ＋ 演 講

不要覺得講書是一件門檻特別高的事，
只要你有分享的願望，想把美好的東西傳遞給別人，
你就能成為一名講書人。

聽書不如講書，輸出會倒逼輸入。

— 好書推薦：〈成為講書人〉趙冰 / 著

推薦人：張鵬
太原在路上讀書會創始人，講書人，一
直在路上的行銷工作者。

有生就有滅，有聚就有散，
這不過是事物平常的狀態。

忍辱中的勇氣也不是來自意志力，
而是來自內心的柔軟和開放。

從抓取轉向捨棄，彷彿是個重大選擇，
而實際上，我們別無選擇。

好書推薦：《次第花開》希阿榮博堪布 / 著

推薦人：卓然
三一書苑創始人，高級親子教育指導師，
三七讀書會推廣大使。

天命就是你一直期望去做的事情。

萬物結為一物。當你想要某種東西時，
整個宇宙會合力助你實現願望。

切記，你永遠都要清楚你想要什麼。

活在高手堆裡，你也很難成為低手。

很多時候，用戶缺的不是乾貨，而是力量。

被重視、被鼓勵、被誇獎、被理解、被支持、被需要，
是你的剛需，也是別人的剛需。

所有人的首要目標是尋求歸屬感和自我價值感。

孩子在傷心、生氣或恐懼時，也正是他最需要父母的時候。

我們一定要讓孩子相信這一點：持續努力比天賦重要！

行為的傾向性是存在的，也是可以改變的，
但改變的過程會比較辛苦，甚至痛苦。

認識一個人需要緣分，了解一個人需要時間。

所謂全能，是有意識地將自己調適成「全能型」的狀態，
知道何時何地、面對何人，遇到何事，發揮何種特質。

好書推薦：〈懂得〉俞亮 / 著

推薦人：俞亮
資深培訓師，第十屆當當影響力作家，
DISC 高情商溝通與領導力專家。

有壓抑就會有爆發。

我們對自己的身體要非常熟悉，才能談得上養生。

心身健康不僅與自己有關，
也和我們的家庭、社會、時代有關。

讓更多人感受到心安的力量，
是我持續行動的理由。

愛自己，從看到自己開始。

每個人都需要一個教練。

行道、行善、廣積陰德的人，

肉體死後其陰德與智慧恆存，

故其生命不會死亡，與天地共存。

道的精神特徵就是超越所有二元對立，平等普愛一切眾生。

有道的聖人，以大自然為師，

體悟出打開心量、包容、柔軟、處下的人生妙哲學。

我們不可能什麼都有，也不會什麼都沒有。

如果你忘記了自己是誰，那就想想曾經閃光的自己。

一個人獨一無二的天賦才幹，能讓他釋放巨大的潛能。

在不確定的生活中，找到屬於自己的確定性，
過有準備的人生。

好書推薦：〈優勢槓桿〉王玉婷 / 著

推薦人：春華
優勢教練，堅持星球認證演講教練，嘉年
華讀書會創始人。

人類不僅能針對特定環境選擇回應方式，
更能主動創造有利環境。

以終為始最有效的方法，
就是撰寫一份個人使命宣言，人生哲學或基本信念。

統合綜效意味著 1＋1 等於 8 或者 16，甚至 1600。

換一個角度，換一種態度，換一個全新的自己。
無論你處於人生的什麼階段，無論你從事哪種行業，
只要願意，就可以直接上路，而且越早越好。

每發生一件事，首先要弄清楚：到底是誰的事；
然後對老天的事和別人的事保持幽默，不當真；
對自己的事，認真對待，莫放過。

要修練願意，為別人容易，為自己難；
大家一起容易，自己單獨難。
若能有一群人都願意我為人人，人人為我，
那麼不難修練出個「萬事願意」來。
所謂「願力」，就是這麼修練出來的。

推薦人：草梅
持續 9 年每年至少踐行一個 100 天主題練習的目標管理指導教練，帶你體驗百樣人生的活動企劃顧問。

閱讀的意義，在於能否邂逅那些讓
我們產生強烈共鳴的一字一句。

為了生存，人類必須具備三個特性，
即敘事能力、探索能力（學習與改變）、建立關係的能力。

對成功人士來說，完成閱讀不是終點，
閱讀完必定有所行動。

好書推薦：《如何成為一個會讀書的人》［日］渡邊康弘 / 著

推薦人：愛讀書的猛哥
逗號成長學院創始人，逗號成長讀書會創
始人，專注個人成長、家庭教育、個人健
康回歸。

要想更好地升級，
你必須成為一名合格的「時間投資人」，
你需要認真思考，認真選擇，
想盡辦法將大部分時間投資到高價值的人和事上。

堅持讀書，等於堅持鍛鍊並升級自己的大腦。
讓大腦充滿好東西，讓大腦戰鬥力更強，
我們才更有可能做得更好、活得更好。

怎樣才能脫穎而出，讓自己的個人品牌更有吸引力呢？
有一個辦法很管用。那就是，服務頭部。

好書推薦：《一年頂十年》剽悍一隻貓／著

推薦人：趙晗婧
晗婧（趣玩）讀書會創始人，家庭教育資
深教師，兒童遊戲化閱讀合夥人。

屬於歲月的智慧是混亂的；
只有永恆的智慧才能真正教誨人。

人能由樹的年輪而知道樹的年齡；
人實在也能夠因悔改的程度而知道他在美德上的成熟度。

那真正強而有力的，每每很安靜地讓那弱者得以自行其
道，任其覺得自己是強者。

好書推薦：〈清心志於一事〉[丹麥] 祁克果 / 著

推薦人：朱應濤
致力於服務心智障礙者的公益人，早起拆
書主理人。

你去追跑了的東西，就跟用手抓月光一樣的。你
以為伸手抓住了，可仔細一看，手裡是空的！

我鬱悶了，就去風中站上一刻，它會吹散我心底的愁雲；
我心煩了，就到河畔去聽聽流水的聲音，它們會立刻給我
帶來安寧的心境。我這一生能健康地活到九十歲，證明我
沒有選錯醫生，我的醫生就是清風流水，日月星辰。

沒有路的時候，我們會迷路；路多了的時候，我們也會迷
路，因為我們不知道該到哪裡去。

好書推薦：《額爾古納河右岸》遲子建 / 著

推薦人：文嘉
帆書官方社群金書童，服務 3,000 多位書友
聽書和閱讀，帆書·雨知教育認證翻轉師。

如果我們問對了問題，通常都會很容易找到答案。

改變看問題的角度，
對於改善你的人際關係是非常有效的。

100% 的堅持要比 98% 的堅持更容易實現。

如果問題本身是錯誤的，過時的或不具代表性的，
那麼試圖解決這個問題是沒有意義的，
這時，我們需要做的是重新定義問題。

確定性決策追求收益最大化，
不確定性決策透過最大化的努力來最大化機會。

不確定性的動態賽局是世界的本質。

好書推薦：〈升維〉[澳] 王珞 / 著

推薦人：瑤小喵
985 醫學碩士，三甲醫院主治醫師，帆書
官方知識教練。

大大方方談錢，坦坦蕩蕩成交。

表達力是個人品牌的放大器，
因為不發聲就什麼都不會發生。

永遠要記得，你不需要很厲害了才開始，
你只有開始了才會很厲害。

好書推薦：《打爆》孔蓓、查克 / 著

推薦人：寶藏艷君
持續 8 年早起閱讀，為多家企業做過知識
萃取的視覺行銷教練，知識圖卡作品
3,000餘件的內容視覺化教練。

在本書中，我將帶你領略另一種「讀心術」的魅力
——透過繪畫探析一個人的性格特點、情緒狀態、壓力狀態甚至行為。

現在請你畫一棵樹，信不信從樹幹、
枝葉和繪畫的線條、筆觸，
能透露出你在情緒穩定性方面的資訊？

不要問孩子愛不愛你，
或者問孩子更喜歡爸爸還是媽媽，這是很敏感的。
你不妨讓孩子畫畫，來洞悉孩子心中不願說的祕密。

好書推薦：〈畫知道答案〉 嚴虎 / 著

推薦人：阿布
《讀書會創始人》聯合作者，擅長用繪畫
解讀、情緒桌遊激發青少年內驅力。

相信你自己，絕對可以設計你想要的人生。

千萬得放下「被安排」的習慣，扛起自己的人生主導權。

未來能夠成就的，不能用現在的自己來決定，
因為人會學習與成長。

你焦慮的原因就是沒有按照自己想要的方式活著。

走腦的年度計畫很容易半途而廢，
走心的年度計畫才動力十足。

人生除了活得有意義，還要活得有意思。

好書推薦：《只管去做》鄒小強 / 著

推薦人：秋香
多米財富讀書會創始人，愛讀書的理財
師，連續 8 年金融從業者。

想要在辦公室裡打擊缺乏教養的人，
你一定要把握住這四個原則：正面提主張，請求主管支持，用好行政助力，團結其他受害者。

職場上最重要的人際關係就是你和主管的關係。

吸引注意力，以縮為進，跟權威者哭告，吃定聖母心同事，這就是自戀者在職場上的存活之道。

好書推薦：《識人攻略》熊太行 / 著

推薦人：妍妍
生命數字解讀師、中醫養生愛好者、攝影愛好者。

為最壞的情況做準備，以盡量使其不那麼糟糕。

無論你要實現什麼目標，
讓合適的人各司其職以支持你的目標，是成功的關鍵。

先把你的「必做之事」做完，
再做你的「想做之事」。

提升的祕訣就是永遠不要低頭——永遠向上看。

獲得真正的自由的先決條件是，你決心不再受苦。

限制和界限只存在於你停止超越的地方。

—— 好書推薦：《清醒地活》[美] 邁克爾‧辛格 / 著 ——

推薦人：鄂海峰
帆書文堂教育服務中心知識顧問，新晉家
庭教育指導師。

你如果知道你的目標是什麼，就能應對挫折。

性格，從我們的承諾中顯現出來。

歸根結柢，快樂不在於滿足欲望，而在於改變欲望，
讓自己擁有最好的欲望。

書寫的過程就是英雄面對惡魔的過程，
當你與惡魔戰鬥，你就是在自我救贖，
這個過程少不了智者引路，這個智者就是
能看到你原本的樣子，願意帶你走向心靈深處的人。

書寫夢讓你自由，讓你叩問靈魂，
讓你在現實世界過上一種超越現實的祕密生活，
那裡有你想要的一切。

心靈書寫就是攻擊性很好的昇華。

好書推薦：〈心靈書寫〉冰千里 / 著

推薦人：芃凡
語音寫作、閱讀踐行者，創意表達性藝術
療育師，國際多元智能教育規劃師。

人生的價值，

並不是用時間，而是用深度去衡量的。

機會總在你的舒適圈外面。

停止評判他人，讓思緒流動。

想要更多錢，你就先證明自己值這個錢。

再開明的老闆，其包容心也是以公司利益為底線。

既保留個性，又不會讓性格因素影響工作。

好書推薦：《能力突圍》焱公子 / 著

推薦人：焱公子
10 年世界 500 強經歷，擅長 AIGC 在商業
領域的應用與落地，多本暢銷書作者，當
當影響力作家。

初心就像深埋在你心中的一顆種子，
一旦有了合適的土壤、陽光、水分，
它就會從心底發芽、生長。

世上根本沒有真正的兩全其美。
最好的選擇是短期取捨，長期整合。

人生的大巴，中途會有新的人上車，也會不斷有人下車，
能陪我們走到最後的，是我們的家人和摯友。

好書推薦：《活出精彩》白小白／著

推薦人：白小白
女性生涯創業教練，當當影響力作家，品
牌投資人，著有《活出精彩》、《能量覺
醒》等書。

世間最遠的距離莫過於，

這是你的「顯然」，卻是我的「茫然」，

我們同在一個時空，看到的卻大不相同。

世界仍然是那個世界，

只有在我們改變了自己的位置以後，

看到的景色才會不一樣。一旦看到的不一樣，

我們感知到的世界也會不一樣。

成長不是讓我們進入一個沒有問題的階段，

而是讓我們在面對問題和解決問題的時候，

內心平和而且安寧，不會產生不切實際的幻想。

好書推薦：《學習的學問》Scalers / 著

推薦人：Scalers

學習行動專家，個人成長社群「S成長
會」創始人，當當影響力作家，多本暢
銷書作者。

可以確定的是，我不想就此認輸，
我的人生不應該這樣子一塌糊塗。

我知道我需要什麼，我要快樂學習，需要內驅力，而
不是完全來自外界的壓力。

交到好朋友的前提是自己對別人要足夠包容與了解。

讀書是穿越時空的最簡單的自我保護方式。

不是只有電影才有開放式結尾，
每個人都有開放式的驚喜結局。

我現在是幾歲並不重要，重要的是，現在是幾點。

策略就是對身邊的人進行有效布局。

讓膽量變大，是突破圈層、實現躍遷有效的途徑之一。

人最應該學會的是
如何與這個社會上有資源的人打交道。

只有自己才能改變事情最終的結果
——靠自己，自強者萬強。

方向不對，努力白費，
在錯誤的賽道上，一路狂奔，越努力，毀滅的速度越快。

信任是一種能力，被信任是一種更重要的能力。

好書推薦：《底層邏輯》劉潤 / 著

推薦人：鄒艷麗
行動派讀書會創始人，表達力教練，閱讀
推廣人。

某樣東西是否能讓你的生活更圓滿，
由你自己說了算，和別人告訴你它圓不圓滿無關。

在生活中，只有你真正了解自己存在的意義。
永遠不要因為其他人或事失去對自己命運的掌控。
要積極地選擇自己的人生道路，不然就只能被動接受安排。

「生活本來就很精彩。只不過有人沒發現自己是作者，
沒發現他們可以按自己的想法創作。」

好書推薦：《世界盡頭的咖啡館》[美]約翰·史崔勒基/著

推薦人：曲彥霖
家庭教育指導師，手帳思維導圖達人，紙
頁時空門讀書會創始人，全職雙胞胎寶媽。

要去自己要去的地方，

而不是自己現在所在的地方。

不要等待運氣給你解決問題。

並非每一種災難都是禍，早臨的逆境往往是福。

積壓的憤怒會使人咳嗽，
因為憤怒沒有得到充分宣泄。

無意識的恐懼一般都源於 3 歲之前的創傷，
它會在身體的骶椎上留下記憶。

我們的身體就像一本帳簿，記載著我們一生的經歷，
我們每一次創傷性的經歷都會沉積在我們的身體上，
形成各種結節、條索和塌陷，
這些結構表現代表著
不同的生命經歷和情感情緒記憶。

好書推薦：〈中醫心理治療〉肖然 / 著

 推薦人：唐惠鳳
心理健康教師，中醫整合催眠師，親子關
係 PDP 國際諮商師，家庭教育諮商師。

人體有天然的自癒力，
只要我們尊重自然，不持續自我傷害，
我們的身體就會自動趨於健康。

當我們覺醒過來，轉念之間，我們突然發現，重
要的不是吃什麼，而是不吃什麼。

我們真正要追求的是既健康又長壽，無疾而終。

好書推薦：《非藥而癒》徐嘉／著

推薦人：范月秋
健康管理師，集團公司 16 年生產管理經
驗，低脂純素受益者。

上善若水。水善利萬物而不爭，
處眾人之所惡，故幾於道。

三十輻共一轂，當其無，有車之用。埏埴以為器，當其
無，有器之用。鑿戶牖以為室，當其無，有室之用。
故有之以為利，無之以為用。

反者，道之動。弱者，道之用。
天下萬物生於有，有生於無。

概念是分層級的，由分層級的概念
參與或組成的短語、句子、語段等也是分層級的。

能夠透過比較分辨出不同事物的相同點和相同事物的不同
點，這是天才的特點之一。

一般人恰恰是因為缺少分類的習慣和分類的能力
而常常把事情處理得一團糟，生活也過得稀里糊塗。

好書推薦：《概括的力量》覃永恆/著

推薦人：飛魚/李靜
8年一線記憶教學，飛魚邏輯模型主理人，
飛魚學習能力讀書會創始人。

沒有一條路無風無浪，不要因為逃避而做出選擇；
依據你看重的價值做出選擇，那樣才是無悔的。

當花生油被貼上了「味極鮮」的標籤，人們就找不到花生油了；
同樣，如果你為自己貼上「沒毅力」、「能力差」、
「情緒化」的標籤，就找不到自己了。

把每個人從不同角度看到的內容相加，
就更能看到問題的全貌，更加接近真相。

好書推薦：〈有解〉奉湘寧、顏淑偉 / 著

推薦人：雨馨愛讀書
閱享讀書會創始人，愛閱讀，愛思考。

一個人眼界遠了，則糾結一身的是非煩惱，
氳氳自落，心理上便能獲得無限的平和。

人間一切變幻無常，唯有安步徐行於大雨中的人，
才能「回首向來蕭瑟處，也無風雨也無晴」地坦然歸去。

蘇軾的偉大，在於他有與權力社會對立的勇氣與決心，
一則得之於知識力量的支持，二則出於「雖千萬人，
吾往矣！」那份天賦的豪氣。這兩種氣質合起來，
造成他「薄富貴，藐生死」的大丈夫氣概。

—— 好書推薦：《蘇東坡新傳》李一冰 / 著

推薦人：蘇蘇
深耕教育 20 餘年，中英文閱讀指導師，行
＋讀書會創始人，一有少年研學創始人。

今天我們之所以喜愛蘇東坡，
也是因為他飽受了人生之苦的緣故。

這才是我們所知道、百姓所愛戴的蘇東坡，也
是溫和詼諧、百姓的友人兼戰士的蘇東坡。

吾善養吾浩然之氣……不依形而立，不恃力而行，
不待生而存，不隨死而亡矣。

好書推薦：〈蘇東坡傳〉林語堂 / 著

推薦人：黃冬梅
整理收納師，怡然整理主理人，《讀書會
創始人》聯合作者，怡然讀書會創始人。

在讀書中超越有限的今生。

你有沒有值得一生追尋的使命？

我們畫不出完美的圓，但它是存在的。

繪畫是兒童表達自己、
與他人溝通的一種有效方式。

了解兒童繪畫的形式，在一定程度上
能夠幫助我們更好地掌握兒童的心理健康狀態。

無條件接納孩子在畫作中表現出來的情緒和事件，
是與孩子交流的基礎，
也是走進孩子內心世界的前提。

好書推薦：〈兒童繪畫心理學〉嚴虎／著

推薦人：繪心
國家二級心理諮詢師，家庭心理顧問，
高級兒童繪畫心理指導師，繪心讀書會
創始人。

要改變現狀，首先要改變自己；

要改變自己，先要改變我們對問題的看法。

兩種能夠直接掌控人生的途徑：

一是做出承諾，並信守諾言；二

是確立目標，並付諸實踐。

我們做任何事都是先在頭腦中構思，

即智力上的或第一次的創造，然後付諸實踐，

即體力上的或第二次的創造。

好書推薦：《高效能人士的七個習慣》[美]史蒂芬·柯維/著

推薦人：艷鳴

「艷鳴陪你讀書」讀書會創始人，有書、

讀者等平臺作者，供應鏈品質管理。

當動機、能力和提示同時出現的時候，
行為就會發生。動機是做出行為的欲望，
能力是去做某個行為的執行能力，
而提示則是提醒你做出行為的信號。

願望是改變人生的絕佳起點。

大物始於小，培養習慣也是同樣的道理
——從小處和簡單著手。習慣成自然，就會深植於生活，
並自發成長。

好書推薦：〈福格行為模型〉[美]B.J.福格／著

推薦人：李春
樂享讀書會創始人。理解他人，成長自己。

認識自己永遠都是改變的第一步。

與其用「假我」扮演角色，不如用「真我」縱情生活。

每一個人都是獨一無二的存在，
我們的價值不由別人決定，而由自己決定。

企業需要的不是課程、學習工具甚至學習。
我們在企業的職責就是改善業務結果。

目標越明確，越容易設計出有效的策略
（培訓可能是或不是其中的一部分）。

清楚地界定了業務結果，培訓項目就勝券在握。

好書推薦：《將培訓轉化為商業結果》[美] 羅伊‧波洛克等 / 著

推薦人：惠彩
培訓管理陪跑教練，職場 IP 鍛造師，國家
二級人力資源管理師。

「現在我們或許可以停一下，
想一想我們能從這些事情中學到些什麼。」

「人們進入兒童狀態後，
他們的感受和行為都和小時候的自己如出一轍，
與實際年齡並沒有關係。」

無論何時，只要我們的情緒真正獲得理解，
就能有成長的機會。

好書推薦：《蛤蟆先生去看心理醫生》｜英｜羅伯特・戴博德 / 著

推薦人：開心
「田園式家庭研學」專案操盤手，中華
福園・讀書會創始人，國家二級心理諮
詢師。

德者事業之基，未有基不固而不棟宇堅久者。

磨礪當如百煉之金，急就者非邃養；
施為宜似千鈞之弩，輕發者無宏功。

寵辱不驚，閒看庭前花開花落；
去留無意，漫隨天外雲卷雲舒。

隨著年齡的增長，要明白一點，
不要以為可以永遠做同樣的事情，因為歲月不饒人。

打保齡球有利於結石和腎臟，射箭有利於擴胸利肺，
散步有利於胃，騎馬有利於頭腦等等。

萬事萬物都是在不停的變化之中，永不停歇，
這是很明白的。

好書推薦：《培根論人生》[英]弗朗西斯・培根 / 著

推薦人：傑哥
創客成長圈主理人，主治醫生，諮商心理
師。副業自媒體，全網擁有 20 萬粉絲，專
注 IP 賦能、讀書成長。

一個好文案，勝過一百個好銷售。

如果你不能幫到別人，不能為別人提供全方位的價值，
那你的事業就無法真正建立起來。

人生最有意思的是你永遠可以按下重選鍵，
永遠可以重新選擇。

好書推薦：〈改寫〉李海峰、思林 / 主編

推薦人：思林
暢銷書《文案破局》作者，當當影響力作
家，百萬文案變現導師，無痕成交文案創始
人，中英法三語達人。

這個時代，沒有發聲，就等於沒有發生。

如果我們能夠轉變思維，採用利他思維去分享，
把焦點放在內容是否對聽眾有幫助上，
反而可能會激發出興奮、自豪的情緒。

生活處處有演講，每一次的當眾表達，
都是一次打造個人品牌、提升影響力、
贏得競爭力的機會。

好書推薦：〈演講高手〉湯金燕 / 著

推薦人：湯金燕
勇敢說口才培訓中心創始人，第九屆當當
影響力作家，《演講高手》作者。

面對兩個人以上的表達就是演講。

演講表達是思維的外衣。

擁有迷之自信，玩轉即興演講。

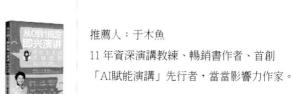

做生意的目的，《金剛經》古老智慧的目的，

以及所有人類行為的目的，都是為了豐富我們自己的人生

——同時獲得內在與外在的富有。為了享受這樣的財富，

我們必須保持身心的高度健康，並且我們必須在人生歷程

上使這些財富具有更廣闊的意義。

你謹慎地記錄「六時書」，清晨認真靜修，問題產生即刻

處理，並且杜絕新問題的產生。

如果這些有關潛能和銘印的理論真實不虛，那麼關心他人

的最佳方式就是啟發他人如何獲得財富、如何享受財富、

如何使賺錢富有意義。如果你仔細想一想，用這一最佳方

式來分享財富（即：將如何創造財富的法則無限傳播開

去）是在你心中植入財富種子的最好的方法；到那時，你

所收獲的財富是你無法想像的。

好書推薦：《能斷金剛》[美] 麥克・羅奇格西 / 著

推薦人：滿興

微光點亮微光讀書會創始人，13年語文教師、10年500場讀書會閱讀推廣、7年金剛智慧目標達成教練。微光點亮微光，生命影響生命，一本書點亮一個人，一群人溫暖更多人。

不再期待對方給什麼，

而是知道自己要什麼，並努力去爭取。

愛一個人，其實愛的是自己的期待。

真正的勇敢是看到：

我就是這麼一個有各種缺點的普通人。

推薦人：發光如星
書寫療癒讀書會創始人，一位用閱讀滋養
自己，照亮人生的中年美少女。

父母要對孩子的行為劃定界線，
而對情緒和願望則全部包容。

要讓孩子明白，自己的情緒並沒有問題，
出問題的是他們錯誤的行為。

透過表達對孩子想法和感受的理解，
能讓孩子感覺更安全，你們之間的情感會更穩固。

好書推薦：《培養高情商的孩子》|[美] 約翰‧艾特曼等 / 著

推薦人：楊楊 tina
育兒派悅讀創始人，一名擅長總結學習方
法的媽媽，英語「渣媽」創辦英語營 App
實現逆襲。

很多時候，我們對困難的事物缺乏耐心是因為我們看不到全局、不知道自己身在何處，所以總是拿著天性這把短視之尺到處衡量，以為自己做成一件事很簡單。

那些溺愛孩子的父母，往往在孩子很小的時候就給他們很大的決策權，讓他們自己決定吃什麼、玩什麼、做什麼，但孩子根本沒有相應的掌控能力，最後變成了自以為是、自私自利的人，造成這些後果的原因正是我們缺少對匹配這個概念的認識。

如果我們真的希望在時代潮流中占據一席之地，那就應該盡早拋棄輕鬆學習的幻想，錘鍊深度學習的能力，逆流而上，成為稀缺人才，否則人生之路勢必會越走越窄。

好書推薦：《認知覺醒》周嶺 / 著

推薦人：菊子
子涵，終身成長型讀書愛好者，積極心理學踐行者和傳播者。

底線互動是一種相愛相殺的模式。如果我們總是
用底線去互動的話，就會讓我們的關係受到傷
害，就會讓彼此都變得痛苦。

有的人不擅長學習，但並不代表他不夠好，不擅
長學習也可以有別的擅長的地方。

活在當下，你才能極具創造力。

好書推薦：〈孕育完整人格〉張麗紅 / 著

推薦人：子墨
吳詩婷（子墨），書馨屋讀書會創始人，
家庭教育指導師，終身成長踐行者。

結構是思維的根本。

隱性思維顯性化，顯性思維結構化，結構思維形象化。

結構思考力的四個基本特點，
即金字塔原理的四個基本原則：
結論先行、以上統下、歸類分組、邏輯遞進。

好書推薦：〈結構思考力〉李忠秋 / 著

推薦人：墨生香李老師
李彬華，墨生香語文創始人，18 年小學語
文教學經驗，擅長輔導孩子閱讀與寫作，
每年讀書 100 餘本。

學習型組織之所以可能，
是因為在內心深處我們都是學習者。

我們發明了邊界，最後卻發現自己被困在其中。

當置身於同一個系統中時，人們無論有多大差別，
都傾向於產生相似的行為結果。

真正珍貴的東西是所思和所見，不是速度。

我們總是太多概念、太多預設、太多追隨、太多知識、太多傳聞，而捨棄了本來最值得珍惜的耳目直覺和具體的細節，結果哪都走到了，卻走得那麼空洞，那麼亦步亦趨，人云亦云。

旅行的一個危險是，我們還沒有累積和具備所需要的接受能力就迫不及待地去觀光，而造成時機錯誤。正如缺乏一條鏈子將珠子串成項鏈一樣，我們所接納的新資訊會變得毫無價值，並且散亂無章。

人生不是由別人賦予的，而是由自己選擇的，
是自己選擇自己如何生活。

不與任何人競爭，只要自己不斷前進即可。

我們沒必要去滿足別人的期待。

自尊的人同時擁有健康的謙虛和健康的驕傲：
謙虛是因為他意識到自己還有很多東西要學習，
而驕傲在於認識到自己與其他人一樣擁有尊嚴和價值。

因此，愛是重要的，如果沒能從別人那裡獲得它，
就最好能夠自給自足。

去愛冒犯者會讓你連結到更好的自己
——你真實的、有愛心的本性。

系統理論就是人類觀察世界的一個透鏡，透過不同的透鏡，我們能看到不同的景象，它們都真真切切地存在於那裡，而每一種觀察方式都豐富了我們對這個世界的認知。

其實，這種「好心辦壞事」或「越採取干預措施，問題越惡化」的情況很常見。人們通常出於好意，試圖借助一些政策或干預措施來修補系統出現的問題，但結果往往事與願違，甚至將系統推向錯誤的方向。

世界是普遍連繫的，不存在孤立的系統。如何劃定系統的邊界，取決於你的目的，也就是你想解決的問題。

好書推薦：《系統之美》[美] 德內拉‧梅多斯 / 著

推薦人：鄧老師
鄧蓉，幸福讀書會創始人，江西都市頻道特約心理專家，家庭教育顧問，三個男娃的媽媽。

充分認清客觀條件的限制，充分認知自身能力的限制，
謹小慎微地在限制範圍內活動，這是賺錢的訣竅。
這個訣竅，與其說是「謙卑」，不如說是「有克制的貪婪」。

如果一個人的事業覆蓋面非常廣，
想要取得成功，不大量閱讀是不可能的。

在總體經濟面前，我們還是保持謙卑比較好。
書在我這一生中太重要了。

好書推薦：《芒格之道》[美] 查理・芒格 / 著

推薦人：方方
Base 香港深圳，將正向教育、天賦教養、
教育身分有序結合的成長教練，諮商心理
師，正面管教講師，鼓勵諮詢師，高考志願
填報師，生涯規劃師，積極學習力導師，
香港優才、香港創明天TEEN規劃首期友師。

父母通常認為自己有責任監督孩子完成作業，
但往往忽略了更基本的目標：
培養一個有好奇心，能自主學習的人。

　如果我們自己都無法接受我們的孩
子，我們怎能指望他們接受自己呢？

請允許你的孩子有什麼都不做的時間。

好書推薦：《自驅型成長》[美] 威廉・斯蒂克斯魯德博士等／著

推薦人：埡蘭
精通拆書技巧的大學教授。一隻搬運知識
的螢火蟲，努力傳播終身成長理念，不求
有多燦爛，只要能照亮某個角落就夠了！

你要成為一道光，而不是一個法官；
你要成為一個榜樣，而不是一個評論家。

唯有參與，才能認同。

家庭是社會的基石，是建造每個國家的基礎材料，
是文明之水的上流源頭，是萬般事物的黏合劑。

所有成年人都曾經是一個孩子，
只是很少有人能記得這一點了。

生命的本質就是在關係中尋找自己，並成為真正的自己；
在關係中尋找愛，並成為愛。

只有用心才能看到本質
——最重要的東西眼睛是無法看到的。

好書推薦：〈小王子〉[法]聖埃克蘇佩里/著

推薦人：Joan 肖
肖瓊，深耕家庭教育8年，愛閱讀的仁
娃媽。

定位的本質在如此嘈雜的傳播環境中，

提高有效性的唯一希望，是要對資訊進行選擇和取捨，

聚焦於狹窄的目標以及進行市場細分。

一言以蔽之，要進行「定位」。

進入心智成功的傳播，

是要在恰當的時機對恰當的人說恰當的話。

定位是一套系統的尋找心智空位的方法。

定位素養必須理解人，你會發現，

能夠激發心智正面認知的名字，具有很大的威力。

好書推薦：《新定位》[美] 傑克・特勞特等 / 著

推薦人：劉蘊笛
專案經理，職業和青少年規劃師。

批評是讓孩子「抬頭」，而不是「低頭」。

孩子的問題不是學習問題，而是關係問題。

知識是專用的，智慧是通用的。知識，研究萬物之異；
智慧，觀察萬物之同。讀了書，就知道求同存異。

做真實自我的代價就是要接受你不可能取悅所有人的事實。
你可能會招來惡毒的嫉妒、負面的預估和對你的批評。
然而，如果謹慎行事成了你生活中的首要目標，
你可能會扼殺自己的潛力。

你必須非常成熟地做出選擇，
全心投入你所選定的生活軌跡，哀悼你為之而放棄的東
西，這並不是一件容易的事。

這個世界上還有許多人等著和你產生聯結，
等著發現還有和他們一樣的人，等著被你說的話拯救。

好書推薦：《你的敏感，就是你的天賦》[英]伊米·洛／著

推薦人：劉莓莓
法碩律師、諮商心理師雙證姐姐，擅長經
營讀書變現副業賽道。

改變世界的是你的行為，而不是你的觀點。

讓他人覺得自己很重要；
這將讓他們開心，也將讓你開心。

要想取得世俗的成功，可以做一些奇怪的事。
讓你的怪異成為一種習慣。

涉世淺，點染亦淺；歷事深，機械亦深。

故君子與其練達，不若樸魯；與其曲謹，不若疏狂。

攻人之惡，毋太嚴，要思其堪受；

教人以善，毋過高，當使其可從。

學者有段兢業的心思，又要有段瀟灑的趣味。

若一味斂束清苦，是有秋殺無春生，何以發育萬物？

演說是信心的傳遞，情緒的轉移，能量的博弈。

說話不能說太滿，
當你說「一定」的時候，就已經錯了。

我們不必在意說了多少話，
而要在意對方聽進了多少話。

好書推薦：《演說變現》侯辰 / 著

推薦人：侯辰
亞洲品牌十大傑出女性，IQueen 全球魅力
女性領袖平臺創始人。連續四屆當當影響
力作家，多本暢銷書作者。

你內在的英雄戰無不勝。

個人成長的目的就是要活出一個值得擁有的人生。

做自己，比接納別人更重要。

企業宣傳片的時代已經過去，
內容行銷的時代正在到來！

無論是經營公域，還是經營私域，
本質上都是經營人與人之間的關係。

企業自己就是一個 MCN 機構，
員工都可以被打造為 KOL（關鍵意見領袖）。

好書推薦：《運營之巔》傅一聲 / 著

推薦人：傅一聲
知名培訓師，多平臺簽約自媒體，多本暢
銷書作者，第八屆當當影響力作家。

觀點是因人而異的，沒有對錯之分，但千
萬別掉進自我陶醉的表達陷阱裡。

我希望你能沉下心來讀一本書，
讓書籍成為你的指路燈。

人到了山頂以後，就想挑戰更高的山峰。

從基層上看去，中國社會是鄉土性的。

鄉下人離不了泥土，

因為在鄉下住，種地是最普通的謀生辦法。

所以在鄉土社會中，不但文字是多餘的，

連語言都並不是傳達情意的唯一象徵體系。

每個人的「當前」，不但包括他個人「過去」的投影，

而且還是整個民族的「過去」的投影。

一個人，只要擁有 1,000 個鐵桿粉絲，這輩子幾乎可以衣食無憂。

熱愛針對你想幹的事，擅長針對你能幹的事，
需求則針對你可幹的事，三者相交之處，
便是你個人品牌定位的錨定之處。

社群本身並不是用來圈人的，而是用來篩人的。

好書推薦：《1000 個鐵粉》伍越歌 / 著

推薦人：西瓜
6 年阿里人，拾光讀書會創始人，私域變現導師，天賦解讀師。高級地讀書，鬆弛地變現，做真實的自己！

藝術也好，創作也好，都是一層層遞進，
將無意義變成有意義，最終回饋或影響到我們真實的生活。

脫口秀演員不是在「賣笑」，而是在賣想像力，
賣講故事的能力，賣獨一無二的人格特質，
賣自己的生活閱歷和那些平淡無奇的歲月裡
觀察到的奇葩小事。

人生並不是只有一條跑道的馬拉松，它更像是廣場舞，
跳錯了節拍，選錯了搭檔，都有機會重啟。

好書推薦：〈體驗派人生〉閆曉雨／著

推薦人：曹治遠
上海笑丫喜劇演員，中國戲曲學院本科，
元多古攝影公司寫真微電影模特，陶子桃
花源讀書會助理，彭浦鎮小鎮推介官。

任何你已見的發生的事情，都是你自己吸引來的。

你能夠做的最大冒險就是過你夢想中的生活。

記住，生活是一個旅程，它是用來完成自我成長的。
選擇保持一種積極的態度，變得快樂、感激、慈愛和慷
慨。讓自己置身於積極的人群和能量之中。

好書推薦：《吸引力法則》[美] 傑克·傑克·坎菲爾德、D.D.沃特金 / 著

推薦人：丁李鵬
夫妻關係及親子教育諮商心理師，東南亞
國際物流及國際金融服務者，曾國藩思想
蒲公英傳播者。

展露弱點是人類容易被低估和誤解的特質之一。
不願展露弱點，人們就難以與他人建立
深厚而持久的人際關係。因為，要想贏得對方的信任，
最好的方式莫過於將自己的弱點毫無保留地暴露出來，
並且相信能得到對方的支持。

他根本沒有做任何銷售，相反，他只是投身進去幫助客戶。
首先，他們讓自己處於「赤裸」的、不設防的狀態，
這樣才能和客戶建立信任。最終客戶會全然信任他們，
並且關心他們。

你一旦意識到這不是個好主意就馬上承認。
你可以自嘲，也接受大家的嘲笑。更重要的是，
你還要繼續提出新的建議。

好書推薦：《示人以真》[美] 帕特里克・蘭西奧尼／著

推薦人：鮑慧紅
中醫舌診解讀者，安寧療護踐行者，疑難
雜症研究者。點燈傳燈，1路向前。

當書很容易取得，當環境中充滿讀物時，
閱讀就很容易發生。

輕鬆的閱讀是不夠的，
不過它們會帶領人通往更深的閱讀。

讀得好的人也寫得好，
因為他們已在不知不覺中學到好的寫作風格。

好書推薦：《閱讀的力量》斯蒂芬・克拉生 / 著

推薦人：韓萌
暢銷書《讀書會創始人》聯合作者，媽媽賦
能讀書會創始人，家庭英語啟蒙推廣人。

企業持續成功的方程式表達為：
成功＝策略 × 組織能力

任何變革措施，如果沒有公司最高領導層的支持和推動，
人力資源部門很難取得實質性成果。

組織能力的三角框架：
員工思維模式、員工能力、員工治理方式。

好書推薦：〈組織能力的楊三角〉楊國安 / 著

推薦人：楊慧
暢銷書《終生成長》聯合作者，九久相隨人
力資源管理諮詢創始人，組織績效顧問。

人生沒有結業考試，也沒有綜合排名，
就像沒有統一初始化一樣。

我們並不缺機會，
缺的是對於機會的認識，以及提前的準備。

平衡的本質，只有一個：戒除貪心。

好書推薦：〈洞見〉趙昂 / 著

推薦人：洪小加
《把生活過得有儀式感》聯合作者，洞見
生涯遊戲引導師（高階），2023 年全國引
導師評優「遙遙領先獎」獲得者。

「知行合一茶」即是「工夫茶」。

工夫茶造就了人緣，人緣滋潤了商道，
是潮商走向成功的奧祕。

人生的滋味盡顯於茶，品嘗茶亦是對人生的體會感悟。
茶如人生，人生如茶。

好書推薦：《喫茶去‧潮州工夫茶》方雲帆、詹玉池 / 著

推薦人：白嶺南
春樹‧成就夢想讀書會創始人，金牌講師
經紀人，廣東工夫茶研究院副院長，潮州
單叢茶、潮州牛肉丸品牌創始人。

在溝通中有一半的訊息會被自動忽略，
而且我們不知道是哪一半。
相信這一點，能讓我們提起精神，對溝通充滿敬畏。

溝通的意義在於不斷地交流訊息，
努力消除彼此的盲區，擴展雙方的共識區。
這首先需要我們整理好自己的訊息，
主動把它們展現給對方。

溝通過程中，如果不能馬上想出行動方案，還有兩招可以用：
「來，我們抓抓落實」，當個行動派；
或者邀請對方，「請您再給我提點要求」。

好書推薦：〈溝通的方法〉脫不花 / 著

推薦人：田渺
職業培訓師，《終生成長》、《爆發》聯合
作者，相約星期二讀書會創始人。

有錢人欣賞其他的有錢人和成功人士。

窮人討厭有錢人和成功人士。

有錢人與積極的成功人士交往。

窮人與消極的人或不成功的人交往。

有錢人樂意宣傳自己和自己的價值觀。

窮人把推銷和宣傳看成不好的事。

在三贏（我好、你好、世界好）
原則的基礎上追求效果。

自己說得多麼「正確」沒有意義，
對方收到你想表達的訊息才是溝通的意義。

在任何一個系統裡，
最靈活的部分便是最能影響大局的部分。

好書推薦：〈重塑心靈〉李中瑩 / 著

推薦人：柳伯巖
愛聽書，愛攝影，在探索內在精神世界的
生命之旅中，尋找同行夥伴，共建藝術心
靈家園。

提升效率的關鍵並不是快速做更多的事情，
而是一開始就讓自己做相對較少的事情。

真正的高手不是臨場發揮好，
而是透過自己的準備讓自己不需要臨場發揮。

如果我們能用別人已經知道的知識來介紹新知識，
整個過程就會簡單輕鬆很多。
這就是用「舊知識」講「新知識」。

好書推薦：《學習學習》王專 / 著

推薦人：康康
發售文案操盤手，劉 sir《定位高手》私域
行銷顧問，愛好讀書、旅行、馬拉松。

如果你不理解人生當中其他的部分，如果你就是忽略他們，能量上他們就會破壞你的事業，盡管他們不是有意識的。

成功從來不會存在於重壓之下，只會在滋養和支持中發生。

恐懼和安全就像孿生姐妹，它們總是結伴而行。
你永遠不知道下一刻會發生什麼，當你有意識地跨出舒適區去冒險，你的活力就會回來。

他更接近於我理解的中國傳統士大夫。

中國文明的靈魂其實就是士大夫文明，

士大夫的價值觀所展現的就是一個如何提高自我修養，自我超越的過程。

如果你確有能力，你就會非常清楚能力圈的邊界在哪裡。

如果你問起（你是否超出了能力圈），

那就意味著你已經在圈子之外了。

獲得智慧是一種道德責任，

它不僅僅是為了讓你們的生活變得更加美好。

而且有一個相關的道理非常重要，

那就是你們必須堅持終身學習。

如果沒有終身學習，

你們大家將不會取得很高的成就。

好書推薦：《窮查理寶典》[美] 彼得·考夫曼 / 著

推薦人：劉志瑞
青少年成長教練，上海教育者小會發起人，終身成長賦能者，未來春藤上海城市合夥人。

工作是探索和表達自己的生命意義。

「不去做想做之事」才是任性。

相比「做什麼」而言，「為什麼做」更重要。

好書推薦：《創造有意義的工作》[日]榎本英剛/著

推薦人：AI寶媽智慧港™（松陽）
AI寶媽智慧港™創始人，賦能寶媽透過
AI技術實現個人成長和創業夢想。

成功和成長是兩回事。成功是一城一池的得失，
有週期性，有偶然性，也容易得而覆失，
而成長，則是從山底到山腰，又到山頂的過程，
人一旦成長，就再無退步的可能。

靠譜，是對一個人的最高評價。

首先必須重視行動。三流的人重視情緒，二流的人重視事實，
一流的人果斷行動。

你活得越充實，便死得越坦然。

身後活在人心，是為不死。

你越是未曾好好地活過，
你對死亡的焦慮就會越嚴重。

不熟悉的人也能幫你成事。

你真的會聊天嗎？

向「上」社交，助你平步青雲。

讓自己變得更好，是解決一切問題的關鍵。

做一個超級連接者。

我們很貴。

讓進步看得見！

當人有了安全依戀和好的目標，就有了歸屬。
有了歸屬，人就有了不斷前進的安全基地。

助人就是助己。

我發現，有時候限制就是限制本身。
你認為做不到，你就真的做不到；
你覺得自己可以更強大，你就真的會變得更強大。

命運把我們丟到不同境地，接受自己擁有的，
追尋自己想要的，做好自己能做的，這就是最好的意義。
即使這個意義看上去沒那麼「有意義」也不要緊。

如果沒有一個好的開始，你不妨試試一個壞的開始。
因為完美的開始永遠都不會來到，
一個壞的開始總比沒有開始強。

好書推薦：《拆掉思維裡的牆》古典 / 著

推薦人：惠惠 4 點早讀
惠惠共創讀書會創始人，薦書人，諮商心
理師，「讀書＋賺錢」理念推廣者，愛好
讀書、寫作、分享。

不焦慮的人生並不是一蹴而就的，
它需要我們不斷地努力和實踐。

大多數人用生命中大多數的時間在賺錢，卻
忽略了去規劃一個真正值得擁有的生命。

焦慮就像一場感冒，每個人都會有。

好書推薦：《掌控人生》劉峰 / 著

推薦人：劉峰
職業培訓師、國家金牌導遊、第十屆當當
影響力作家，多本暢銷書作者。

如果你總是望著對面山上的風景，卻不捨得下山，
那麼你永遠也到達不了更高的地方，看不到更壯闊的風景。

當你跟市場進行交易的成本比工作低，
直接收益卻比工作高時，
就可以去選擇讓你最有熱情的賽道。

當你追求的是價值，是你的初心和夢想，
是那個熱情洋溢的自己，財富就會來到你身邊。

好書推薦：《熱愛的力量》李海峰、陳婉瑩 / 主編

推薦人：陳婉瑩
北京大學碩士，千萬級私域操盤手，多本
暢銷書作者，第十屆當當影響力作家，
《中國培訓》封面人物。

你的生活品質取決於你做出的決定的品質。

如果你對自己的認知或者自己擅長的事過於自豪，
你學到的東西就會變少，你會做出糟糕的決定，無
法充分發揮自己的潛力。

每個人都會犯錯，
主要區別是成功的人會從錯誤中學習，
失敗的人不會。

好書推薦：〈原則（實踐版）〉[美] 瑞·達利歐 / 著

推薦人：悠然 LILY
早·時光讀書輕創主理人，線上書房鐵粉
體系聯合創始人，讀書 IP 養成系教練，悠
然讀享社創始人，早起和誦讀踐行者。

讓自己變得更好是解決一切問題的關鍵。

需求是最好的老師。

用，才是更好的讀。

人生沒有「最佳解」，我們可以在工作中尋路探索。

你不能創造更多時間，但你可以選擇體驗更有能量的人生。

在職業生涯中總會遭遇低谷，
我們可以善用工具助力自己從低谷中找到調整的方法，
保持對工作的活力與激情。

好書推薦：〈設計工作〉李海峰、王成 / 主編

推薦人：妍妍
國家二級心理諮詢師，因材施教成長規劃
導師，暢銷書《設計工作》聯合作者。

造成兒童純潔的心理狀態遭受創傷的原因，
是由一個處於支配地位的成人對兒童的自發活動的壓抑而
造成的，往往是與對兒童影響最大的成人，
即兒童的母親有關。

兒童每一次發脾氣都是某種根深蒂固的衝突的外部表現，
這種衝突並不能簡單地解釋成是對不相容的環境的一種防
禦機制，而應該理解為更高的品格尋求展示的一種表現。

實際上，正常的兒童是一個智慧早熟、
已學會克制自我、平靜地生活以及寧可有秩序地工作
而不願無所事事的兒童。

好書推薦：《童年的秘密》[意] 瑪利亞‧蒙台梭利 / 著

推薦人：賈茜
蒙特梭利家庭教育培訓師，暢銷書《熱愛
的力量》聯合作者。

實際上，你現在的人生，
正是你迄今為止所接收到的「所有資訊」概括之後的結果。

越是能幹的職場人，越是話語精煉，
盡量不在語言表達上浪費他人的時間。

請你竭盡全力思考一下，現在的這一瞬間，
如果是生命的最後一刻，你想對對方說些什麼。
這便是概括。

推薦人：林美美
美美親子讀寫會創始人，國際註冊親子教
師，《四步八法概括力》原創課程版權人。

假如你停止抱怨，做好準備，要停止受頭腦的支配，
假如你真的敞開自己的心去迎接新的圖像，
你會發現滿足和美好存在於每一個困難當中。

我們不太習慣聽到自己的聲音，
因為別人的聲音實在太嘈雜了，但是當你有種種困惑時，
你要明白你的頭腦中其實都是別人的聲音。

你如何看待金錢決定了你可以獲得多少錢。
關於金錢，
我們會有哪些常見的無意識信念？
當然這些念頭沒有對或錯，
重要的是你要看到他們。

好書推薦：《對財富說是》[澳] 奧南朵 / 著

推薦人：熊蓉 Sunny
美天悅讀創始人，復旦理財規劃師，睿職
學苑合夥人。

我們努力克服自身的短處，卻對自己的長處視而不見。

有效地給予，讓自己處於傳接球的位置。

點亮自己，我們就可以釋放出照亮周圍人的力量。

過去和未來幾乎是同一件事，
只有外觀上的不同，核心事物卻永遠保持不變。

多數人的思想、感覺、情感的純淨程度，
決定了人類在時間和宇宙中的位置。

領導人周圍人群狀態的好與壞，
取決於領導人對待他們的方式、領導人要他們做什麼，
以及領導人用影響力創造了什麼樣的心理環境。

相比於「哪種敘事是正確的」，

我更關心「哪種敘事對人有幫助」。

恐懼在敲門，勇氣打開門，門外什麼都沒有。

有一些變化，透過想像就可以發生。

只要思考這樣的問題：「如果這麼做了，會怎麼樣」。

一句話引發一個想法，一個想法構成一個計畫，
一個計畫付諸一次實踐。變化緩慢發生，
「現在」就像個懶散的旅人，
在「明日」到來的路上虛擲著光陰。

只要我有架飛機，只要天空還在，我就會繼續飛下去。

可能等你過完自己的一生，
到最後卻發現了解別人勝過了解你自己。
你學會觀察他人，但從不觀察自己，
因為你在與孤獨苦苦抗爭。

好書推薦：《夜航西飛》 [英] 柏瑞爾‧馬卡姆 / 著

推薦人：Tracy
施娓，國家二級心理諮詢師，心理講師，
閱讀療法踐行者。

信是一種信念，也是一種信任，

不僅對自己要有自信，對他人也要有信任，這叫互信。如
果一個人什麼都不信，那肯定會一事無成。

像小朋友手中的鏡子，將發散的太陽光聚集成威力無比的
光束一樣集中精力、集中資金、集中時間，如拳頭一般，
專打一點。這就是專業化。

任何事，有因就有果；看到了因，也就知道了果。
關鍵在於我們能不能看到那些藏在各種果中的因。
認真地觀察，因，總是有蛛絲馬跡可尋的。

好書推薦：《心若菩提（增訂版）》曹德旺 / 著

推薦人：王春紅（慧悅）
閱讀愛好者，慧悅讀書會創始人。

我們的動機也許是愛，但並不代表我們的孩子接收到的也是愛。相反，很多時候，我們認為我們是在愛孩子，而孩子感受到的是控制。

尋找自己——這是活出充實人生的關鍵。
只有這樣，我們養育出的孩子才有能力去過他們的充實人生，而不會繼承我們在過去人生中形成的扭曲的情緒模式。這就是覺醒式教養的標志。

把注意力放在眼前的任務，不僅使我們的孩子，還使我們自己，從結果的壓力中釋放出來。孩子不再受到事情結果的束縛，他們學會了全力以赴地投入當下是最重要的。從期望到投入，這個簡單但影響深遠的轉變，為我們打開了真正的自由的大門。

好書推薦：《家庭的覺醒》 [美] 沙法麗‧薩巴瑞 / 著

推薦人：百合
花開約讀會創始人，蒲公英家庭教練，青少年全人發展卡牌引導師及授課導師，花開親子英語伴讀營主理人。

對「易碎」的包裹來說，最好的情況就是安然無恙；
對「牢固」的包裹來說，安然無恙是最好的，
這也是保底的結果。因此，「易碎」的反義詞是在最糟的
情況下還能安然無恙。

好奇心是具有反脆弱性的，就像上癮症一樣，你越是滿足
它，這種感覺就越強烈——書籍有一種神祕的傳播使命和
能力，這一點對於整個房間滿是圖書的人來說並不陌生。

玻璃杯是死的東西，活的東西才喜歡波動性。驗證你是否
活著的最好方式，就是查驗你是否喜歡變化。請記住，如
果不覺得飢餓，山珍野味也會味同嚼蠟；如果沒有辛勤付
出，得到的結果將毫無意義；同樣，沒有經歷過傷痛，便
不懂得歡樂；沒有經歷過磨難，信念就不會堅固；被剝奪
了個人風險，合乎道德的生活自然也沒有意義。

好書推薦：《反脆弱》[美]納西姆·尼古拉斯·塔勒布/著

推薦人：曉玲
悅讀慧圖書文化傳播工作室創始人，高級閱
讀指導師，熱愛讀書，致力於閱讀推廣。

父母是孩子最好的催眠師。要想讓孩子改變，父母必須先改變：改變你的教育觀念，改變你的行為方式，改變你的語言模式，要從觀念、情緒、行為、語言等方面徹底影響孩子。父母只要進步 1%，就能決定孩子 99% 的進步。

從現在開始，少給孩子一些否定，多給孩子一些肯定；少給孩子一些責怪，多給孩子一些鼓勵；少給孩子一些負面暗示，多給孩子一些正面暗示。相信在不久的將來，你一定可以培養出一個優秀的孩子。

一個人只要對自己的潛力有足夠的信心、堅定的信念，那麼他的潛能一定會被喚醒，理想一定會實現。

好書推薦：《喚醒內在天才的秘密》 李勝傑、林青賢 /著

推薦人：小黑
堅持星球演講教練，南昌縣閱讀演講協會理事長，南昌青藤閱讀演講俱樂部主席，演說說服力帶班教練，播音朗誦主持人。

任何一家新創的公司都需要一位有高度承諾的領導者，
一位為了公司而不眠不休、全身心投入的領導者，
一位能把創業的想法、市場和資金
完美結合到一起的領導者。

壯年期的公司就像一個實現了自我的人，
它們知道自己是誰，不是誰，也知道自己未來想做什麼。

如果公司中的創業精神消失，
公司滿足顧客不斷變化的需求的能力也將受到影響。

好書推薦：〈企業生命週期〉伊查克 · 愛迪思 / 著

推薦人：曲志鑫
心智讀書會創始人，企業高管，ICF 埃里
克森認證教練。

如果你不能按照想要的樣子去活，
那麼總有一天你會按照活的樣子去想。

聽眾思維：聽眾不會在乎你講了什麼，
他們只在乎你講的內容和他們有什麼關係。

新意：你講的觀點要麼能打開聽眾未知的領域，
要麼能顛覆他們原有的認知。

好書推薦：《成為講書人》趙冰 / 著

推薦人：彩雲
安心讀書會創始人及講書人（高級），帆
書可複製的溝通力授權講師兼金牌教練，
洋蔥閱讀授權講師。

我希望，當我親愛的讀者在閱讀本書的時候，
他們能夠比我經歷更少由掙扎帶來的苦痛，
擁有更多幸免於難的欣喜。

追求自己想要的東西：
沒有絕對的「yes」，
但是如果你沒有開口，那答案絕對是
「no」。

擁抱七十一歲：
讓生命中的每一個十年都比上一個十年更好。

好書推薦：《人生由我》[加] 梅耶 · 馬斯克 / 著

推薦人：張敏
高級工程師，國家二級心理諮詢師，家庭
教育指導師。

我常常說，我要去沙漠走一趟，
卻沒有人當我在說真的。

夜來了，我點上白蠟燭，看它的眼淚淌成什麼形象。

沒有變化的生活，就像織布機上的經緯，
一匹一匹的歲月都織出來了，
而花色卻是一個樣子的單調。

好書推薦：《撒哈拉的故事》三毛 / 著

推薦人：陳雪萍
悅見讀書會創始人，帆書官方知識教練，
平面設計師，社群營運師，曾經的實體書
店老闆，如今的線上書店老闆。

生命是一個特別神奇的存在，
從精子與卵子結合的那一刻開始，
專屬於這個生命的特徵便已形成，從頭髮到膚色，
從容貌到體型，從智商到氣質類型，
包括聲音特點、喜愛偏好都是那麼獨一無二。

對孩子的情緒，我們要做到全然接納，
但對孩子情緒狀態下的行為，我們就不能一概而論，
對那些必定不能被認同的要求，要溫柔而堅定地予以拒絕。

有愛、有度、有自由地陪伴孩子，任何時候都需要。

好書推薦：《最愛不過我懂你》伍新春、李國紅／著

推薦人：小言
小學語文教師，兒童閱讀指導師。

宇宙中有一種意志在發揮作用，
它引導一切事物走向幸福，它促進一切事物不斷發展。

在當下這個瞬間極度認真、極度專注，
就是任何方法都無法替代的精神修行。
猶如禪僧坐禪一般，當下的心靈會變得純潔、美好。

這種類似信仰心的某種信念始終扎根於我的心中，
它像可貴的護身符一樣，幫助我，守護我的人生。

好書推薦：《心》[日]稻盛和夫 / 著

推薦人：馮心台
《友者生存2》、《私域進帳》聯合作者，
商業品牌故事片導演，拍攝100多位明星藝
人創意導演。《友者生存2》、《私域進
帳》聯合作者。英國布里斯托大學戲劇系文
學碩士，WTW「她力量」藝術匠心女性。

如果我們只想讓生活發生相對較小的變化，那麼
專注於自己的態度和行為即可，

但是實質性的生活變化還是要靠思維的轉換。

傷害我們的並非悲慘遭遇本身，
而是我們對於悲慘遭遇的回應。

積極主動的人專注於「影響圈」，
他們專心做自己力所能及的事，

他們的能量是積極的，能夠使影響圈不斷擴大。

好書推薦：《高效能人士的七個習慣》[美] 史蒂芬・柯維 / 著

推薦人：趙麗
正面管教導師，高級演講教練，正面教育
讀書會，23 年世界 500 強外企中高管，哈
佛媽媽，12 年家庭教育培訓。

痛和痛苦是有區別的。

每個人都會有感到痛的時候，但你不必讓自己那麼痛苦。

感到痛不是出於你的選擇，但你選擇了讓自己痛苦。

誠實是比同情更有效的良藥，

它有撫慰人心的力量，卻往往深藏不露。

在刺激和回應之間還留有一些空間，

這個空間允許我們以自己的意志去選擇我們的回應方式。

我們所做出的回應包含了我們的成長和自由。

推薦人：程程

國家三級心理諮詢師，B613讀書會創始人。

如果你很情緒化，不是你不夠好，不是你比較糟糕，而是因為從小到大，沒有人教會你應該如何處理情緒。

處理情緒的過程會經歷四個階段：
不知不覺，後知後覺，正知正覺，先知先覺。

每一種疾病都是一組心靈密碼，讓
你有機會重新回到自己的內心，為
自己創造想要的，開心的生活。

好書推薦：〈情緒掌控力〉 陳思 / 著

推薦人：陳思
多本暢銷書作者，第十屆當當影響力作家，國家二級心理諮詢師，高級家庭教育指導師。

無技能、無經驗時轉行是艱難的，
但轉機總是有的，堅持不下去時，就再堅持一下，
機會可能就在這「一下」裡。

所有的做不到，都是特定條件下的做不到，
都是現在做不到，不代表條件變化時做不到，
也不代表將來做不到。

你選擇了一種工作，就選擇了一種生活方式，
就選擇了你將成為的樣子。

當你想要某種東西時，
整個宇宙會合力助你實現願望。

不要忘了萬物皆為一物，不要忘了各種預兆的表達方式，
不要忘了去完成你的天命。

他的心在他耳邊竊竊私語：「請你注意你流淚的地方，
因為那裡就是我所在的地方，也是財寶所在的地方。」

好書推薦：《牧羊少年奇幻之旅》[巴西] 保羅・柯艾略 / 著

推薦人：佳佳
托尼・博讚思維導圖認證管理師，托尼・
博讚快速閱讀認證管理師，獵豹閱讀法版
權課程講師。

培養疊代思維。

生活中所有的回報，無論是財富，人際關係，
還是知識，都來自複利。

把自己產品化。

如果難以抉擇，那答案就是否定的。

創業者最重要的力量就在於正視矛盾，
解決矛盾，而不僅僅是發現。

反脆弱的商業結構，
其實就是將失敗的成本控制在最低限度，
同時不斷放大收益的上限。

如果你的產品或品牌能喚醒他人的情緒，
它就會被大眾瘋狂傳播。

好書推薦：《低風險創業》樊登 / 著

推薦人：睡蓮
AI 英語項目聯合創始人，原新東方合作原
版閱讀項目聯合創始人，《友者生存 4》
聯合作者。

中國式修煉，簡單地說，就是修中脈。

從身體臟器的互助互動，我們就可以理解人的互助互動，
從而理解為什麼要感恩，如若沒有別人恰到好處的幫助，
我們也沒有完美的人生。

我們學習《黃帝內經》，最重要的是
要建立起一種思維模式，這種思維模式的要點，
就是我們不能只看事物的表面，
而是要看到氣、神、陰陽、五行這些層面。

林中兩路分，一路人跡稀。
我獨選此路，境遇乃相異。
選擇不同，命運也會不同。

你賺了多少錢並不重要，重要的是你留下了多少錢。

在現實生活中，人們往往是依靠勇氣
而不是智慧去取得領先的位置的。

好書推薦：《富爸爸窮爸爸》[美] 羅伯特‧清崎 / 著

推薦人：王小新

覺醒財商創始人，前世界 500 強央企地產
公司 HR，2022 年辭職旅居並落戶海南。
目前在北京和《富爸爸窮爸爸》官方讀書
人合作，跟隨中國財商教育創始人湯小明
老師做新財商專案。

媽媽是孩子最好的導讀師，

尤其是在孩子的學前階段和國小低年級階段。

讓家裡有書，讓書本觸手可及，

這是最自然地培養孩子閱讀習慣的方式。

沒有不愛讀書的孩子，只有不會引導孩子閱讀的父母。

孩子的早期閱讀，就是在玩中學，玩中讀。

好書推薦：〈讀出學習力〉紅英 / 著

推薦人：紅英

暢銷書《讀出學習力》作者，親子閱讀教練，紅英讀書會創始人。踐行親子閱讀 30 年，陪伴孩子從小愛上讀書並考上博士。

窮則獨善其身，達則兼濟天下。

知是行之主意，行實知之功夫，
知是行之始，行實知之成；已可理會矣。

聖人為天地立心，為生民立命，
為往聖繼絕學，為萬世開太平。

如果我們一開始就幫助母嬰建立良好的親情關係，
縱然今後他們的生活截然不同，
不管發生什麼，他們還會「自然而然」地保持一種相互熱愛、
關心和保護的關係。

父親的積極表現從一開始就能促使孩子很自然地走向獨立，這
樣可以避免他過於依戀母親，
特別當後者是孩子唯一的人際交往對象和快樂之源時。

我們必須決定改變自己，
以便讓那些與我們朝夕相處的孩子
能夠在一個充滿生命助力的氛圍中茁壯成長。

好書推薦：《理解兒童》[意] 西爾瓦那 · 誇特羅奇 · 蒙塔納羅 / 著

推薦人：周華星
和爍家親子空間創始人，國際蒙特梭利家
庭教育指導師，pikler 親子觀察踐行者。

團隊學習之所以重要，是因為團隊，而非個人，
才是現代組織的基本學習單位。
這才是要動真格的地方。除非團隊能夠學習，
否則組織是不能學習的。

你永遠不能說，「我們是個學習型組織」，
就好比你也不能說，「我是個開悟之人」。
你越是學習就越能深切地感受到自己的無知。

學習型組織的核心是心靈的轉變：
從把自己看成與世界相互分立，轉變為與世界相互連繫。

好書推薦：《第五項修煉》[美] 彼得・聖吉 / 著

推薦人：王晴雪
百萬營收社群操盤手，私域營運顧問，生
命成長智慧踐行者，《熱愛的力量》聯合
作者。

從抓取轉向捨棄，彷彿是個重大選擇，
而實際上我們別無選擇。

我們排斥他人什麼，實際上正反映出我們排斥自己什麼。

對自己最好的保護不是讓別人痛苦，
也不是讓自己免受痛苦，
這兩者都只能使我們更加冷漠和孤立。

找到你喜愛的工作，

你會覺得這一生沒有一天在工作。

傳統的思維方式聚焦於過去，

而正確的思維方式則應聚焦於未來。

100% 的堅持要比 98% 的堅持更容易實現。

精致的利己主義者，要害在於沒有信仰，
沒有超越一己私利的大關懷、大悲憫，沒
有責任感和承擔意識，必然將個人私慾作
為唯一的追求目標。

我們的文化教導我們要宣揚、推銷自己，
要掌握成功所需的技能，卻幾乎從不鼓勵我們要謙虛低
調、富有同情心、誠實地面對自我，
而這些恰恰是品格培養所必需的。

一方面，我們才華橫溢，
另一方面，我們的缺點也極為明顯。

人生苦難重重。

人生是一個不斷面對問題並解決問題的過程。

愛是為了努力促進自己和他人心智成熟，
而表現出來的一種勇氣。

好書推薦：《少有人走的路》[美]M‧斯科特‧派克/著

推薦人：張文軒
文軒讀書會創始人，《家庭教育指導手
冊》編委，心理諮商與培訓老兵。

大人們自己什麼也弄不懂，
卻要孩子們一遍一遍地解釋，真夠累人的……

審判自己比審判別人要難得多。

重要的東西眼睛是看不見的。

好書推薦：《小王子》[法]安托萬·聖－埃克蘇佩里/著

推薦人：徐亞麗
因孩子愛上繪本，因繪本愛上閱讀，因閱
讀愛上寫作，因寫作療癒自己的媽媽。

沒有人可以輕易做到臨場發揮，
所有的臨場發揮都是厚積薄發。

只有感受，人是不會成長的。

一個人是什麼樣的人，是由他選擇的結果決定的，
不是由他的初心決定的。

推薦人：譚錦霞
14 年銀行從業者，金融理財師，高級禮
儀培訓師。

打破發展瓶頸的方法，不是向外求機會，
而是向內升級自己。

占有是本能，而放棄則需要智慧。

人生不是由選擇決定的，
而是由選擇後的行動決定的。

推薦人：黃露
助人為喜的生涯發展顧問，心理學愛好
者，會玩魔術方塊、熟記圓周率 200 位
的醫藥人，愛學習、愛旅行、愛生活的終
身成長者。

心是願望，神是境界，
是文化、閱歷和天賦的融會。

強勢文化就是遵循事物規律的文化，
弱勢文化就是依賴強者的道德期望破格獲取的文化，
也是期望救主的文化。

生存法則很簡單，就是忍人所不忍，能人所不能。
忍是一條線，能是一條線，
兩者的間距就是生存機會。

好書推薦：〈遙遠的救世主〉豆豆 / 著

推薦人：賀文華
深耕教育和媒體 10 餘年，也讀書筆耕，
喜做背包客，好用腳丈量山高水長。

你的伴侶不是你的愛與幸福的來源。

你的伴侶將會依所需而扮演這三種角色之一：
一面鏡子，讓你看見引發你關注的不舒服感；
一名老師，在你探尋真實自我的時候，激勵與啟發你；
一名「玩伴」，開啟並陪伴你一段生命的旅程。

放了手，就能得到自由，
讓自己在智慧和成熟中成長。

好書推薦：《親密關係》[加]克里斯多福·孟/著

推薦人：劉麗萍
天悅幸福讀書會創始人，天悅幸福社群創
始人，15 年幸福力提升陪跑教練。

人們會把情緒和平靜混為一談，
情緒是一種自負，自負會將人生經驗
鑄成自己認定的唯一現實。

愛因斯坦曾說：創造力就是智慧在找樂子。

愛是團結所有生命的普遍性力量。

務要日日知非，日日改過。

過於厚者常獲福，過於薄者常近禍。

每見寒士將達，必有一段謙光可掬。

愛文科，愛文學的本質，就是愛「人」、愛生命。
一個愛「人」的認真生活的人，終會重逢他的夢想。

生活有其自身的邏輯，那些不經意間播下的種子，
那些沒有企圖的澆灌，說不準在什麼時候
會有一陣春風拂過就出土了。

我們不該忘記自己走過的路，同情過的人，呼喚過的正
義，渴求過的尊重，是這些東西構成了我們深植於
生活世界的共通意義的根基。

好書推薦：〈陳行甲人生筆記〉陳行甲 / 著

推薦人：劉曉麗
職場打工人一枚。

生命總是為你提供對你意識的進化最有幫助的經驗。

當你知道你在做夢的時候，你就在夢中清醒了，
另外一個向度的意識進來了。

所有豐盛的源頭都不在你之外。
它就是你真實身分的一部分。

好書推薦：〈新世界〉[德] 艾克哈特‧托爾／著

李芳夷
源啟來智慧家庭研習社社長，行知一家讀
書會創始人，陳氏太極拳傳播者。

電子書購買

爽讀 APP

國家圖書館出版品預行編目資料

金句之書 / 李海峰，彭小六，夏聰 主編 . --
第一版 . -- 臺北市：樂律文化事業有限公司，
2024.07
面； 公分
POD 版
ISBN 978-626-98810-6-2(平裝)
1.CST: 格言
192.8　　113010095

金句之書

臉書

主　　　編：李海峰，彭小六，夏聰
責任編輯：高惠娟
發 行 人：黃振庭
出 版 者：樂律文化事業有限公司
發 行 者：崧博出版事業有限公司
E - m a i l：sonbookservice@gmail.com
粉 絲 頁：https://www.facebook.com/sonbookss/
網　　址：https://sonbook.net/
地　　址：台北市中正區重慶南路一段 61 號 8 樓
8F., No.61, Sec. 1, Chongqing S. Rd., Zhongzheng Dist., Taipei City 100, Taiwan
電　　話：(02) 2370-3310　　傳　　真：(02) 2388-1990
律師顧問：廣華律師事務所 張珮琦律師
定　　價： 350 元
發行日期： 2024 年 07 月第一版
◎本書以 POD 印製